mark

這個系列標記的是一些人、一些事件與活動。

mark 162

阿媽的女朋友

彩虹熟女的多彩青春

作　　者　台灣同志諮詢熱線協會

責任編輯　林盈志
封面設計　林育鋒
內頁排版　ewaildesign
校　　對　陳錦輝

出　　版　大塊文化出版股份有限公司
www.locuspublishing.com
台北市105022南京東路四段25號11樓
讀者服務專線：0800-006689
TEL：(02) 87123898　FAX：(02)87123897
郵撥帳號：18955675
戶名：大塊文化出版股份有限公司
法律顧問：董安丹律師、顧慕堯律師

總 經 銷　大和書報圖書股份有限公司
地址：新北市新莊區五工五路2號
TEL：(02) 89902588　FAX：(02) 22901658

初版一刷：2020年10月
初版三刷：2020年12月
定價：新台幣350元
ISBN：978-986-5549-12-1

阿媽的女朋友

GRANDMA'S GIRLFRIENDS

THE SPLENDID YOUTH OF ELDER LESBIANS

彩虹熟女的多彩青春

台灣同志諮詢熱線協會 著

目次

序

瞭解老拉如何活下來

撰文／同（老拉訪談計畫發起人）

二〇一〇年我加入熱線，適逢老同小組出版了《彩虹熟年巴士：12位老年同志的青春記憶》（基本書坊出版），書中紀錄了老年男同志的生命故事，那場新書發表會，我擔任錄影工作。在整場發表會過程中，感受到激勵又感動，但也發覺生命歷程的紀錄不應該只有老年男同志，我從小就接觸到很多老拉[1]，我也希望能有一本書可以紀錄老年女同志的生命故事。開始有了這個想法，成為我後來推動這本書出版的最大動力。

那時老同小組內只有二位生理女的同志義工，一直到二〇一二年，小組裡的女性義工增加，我提出了訪談計畫，參與訪談計畫的小組義工們開始對外尋求訪談對象。我們在臉書社團、BBS、T吧……發出傳單，也透過人際脈絡詢問是否有老年女同志願意受訪。終於在該年九月順利訪談到第一位大姊。接下來三年中，每年只找到一、二位大姊願意受訪。

幾年後有位受訪的大姊生病了，我感覺到生命的短暫及老化的不可逆，甚至在一次老同小組開會時，我哭著說出，自己一生最大的心願就是出版這本書。我認為，人生能做好一件事情就值得了。特別是當這是一件很有意義的事，而且以前沒有人做過，我就更想要促成。

開始的時候，我只能把握每一個公開曝光的機會，像是在臉書好友群的貼文、參與的小組開會、朋友聚餐、到各地演講、遊行前導車上的短講，甚至是遊行大舞台發言的場合，我都會一直提到我們要出版老年女同志生命故事的計畫，請大家支持並介紹受訪者。朋友們可能承受我太大壓力，不得不幫忙尋找或介紹受訪對象，經過義工們的努力，到二〇一九年為止，一共訪談了十八位大姊。2

期許台灣第一本中老年女同志的生命故事出版，能讓年輕一代及社會大眾瞭解，上一代甚至更早期的女同志他們的生命是如何活下來、經歷過什麼樣的歷程。也希望這本書出版之後，還有更多人以此為基礎，繼續完成更豐富的老年女同志紀錄工作。

---

1 同的母親也是一位T，同的故事請見本書第235頁〈故事14 同——讓以後的人可以不用再這麼費力〉，同母親的故事請見本書第49頁〈故事1 阿寶——大橋頭的飄ノ歲月〉。

2 這計畫訪談了十八位老年女同志，出版時只刊出十七位的故事。有位受訪者看完寫好的稿子後，因為擔心故事辨識度太高，最後決定不願意公開他的故事。

老同小組介紹

讓我們一起為「老」做些事

撰文／鄭智偉
（台灣同志諮詢熱線協會社工主任、老同小組召集人）

先說個小故事。

二〇一九年五月底由老同小組負責的熟女同志聊天會中，負責帶領的義工請來參加的伙伴自我介紹，也說說自己為何會想來參加這個專為三十五歲以上的女同志所舉辦的聚會，有些人說他們想來認識朋友，因為社會上很少有三十五歲以上女同志適合去的地方、有些說因為當天討論的題目有興趣而來、也有幾位是說跟著朋友一起來。而輪到J時，他說他今年五十幾歲，今天這個聊天會是他人生第一次參加的同志活動，也是他第一次認識了那麼多同志。他的人生因為擔心及害怕，過了幾十年偽裝的日子，而因為五月十七日那天，立法院通過了「司法院釋字第七四八號解釋施行法」同婚專法，他終於感受到被國家社會給接納。於是他作了決定，人生演了五十幾年的異性戀舞台劇就在那天落幕，五月十八日開始，J決定作自己。

如果你問我，熱線這幾年在做什麼，我會用這個故事回答你。

我們努力在台灣各地推動性別平等教育，因為我們相信，教育才是去除社會恐同最好也是最根本的方法；我們和許多性別團體努力推動婚姻平權法案，為的是讓每位同志享有平等的權力，讓同志的愛可以獲得法律保障及社會認同；而熱線老同小組所做的，便是努力在同志運動中為中老年同志朋友提供多一些支持，記錄下台灣過往的同志歷史，讓更多同志能因看見歷史而思考未來，也因如此，二〇一〇年我們出版了《彩虹熟年巴士：12位老年同志的青春記憶》一書，記錄了十二位五十五到八十三歲的男同志大哥的生命故事，他們都走過了台灣戒嚴時期對於性少數的歧視及傷害、家庭傳統價值的婚家壓迫，有的進入了異性戀婚姻甚至當了阿祖、有的到了老年時還是對自己的同志身分難以擁抱接受，但他們都仍欲望著、愛戀著男人。

這一本華人地區第一本老年同志口述歷史的書，也讓熱線有更多貼近台灣老年同志需求的依據，在之後參與許多國家長照政策討論時，提出同志社群的意見與看法。

但，我們知道這是不夠的，因為第一本書裡沒有中老年女同志的聲音。於是，二〇一二年我們開始投入資源及人力，希望中老年女同志的生命也被聽見看見，歷時八年，有了今天你手上這本《阿媽的女朋友》，紀錄了十七位中老年女同志的精彩人生。他們在那個封閉保守的年代仍活出自己豐富的彩虹人生，有人仍努力為生活打拚、有人當了阿媽含飴弄孫、有人廝守相愛一如以往、有人已離開人世前往淨土。而老同小組不只用出版來記錄台灣的同志生命，更希望所有的同志在社會進步的過程中都能感到不孤單及被承接住，所以我們還提供以下服務：

針對中年同志，我們分別舉辦「熟女同志聊天會」，提供三十五歲以上的女同志朋友一個較自在認識朋友與獲得社群資源的管道。

針對促進社群瞭解生老病死及同志歷史議題，我們每年舉辦數場「光陰的故事座談會」，近年來特別關心長期照護、疾病照顧與死亡等議題。今年我們也推出「光陰的故事座談會」Podcast 版本，讓疫情中的每個人都能在網路上聆聽到各個議題。

針對讓跨世代同志相互瞭解，我們每年舉辦一至兩場的「彩虹熟年巴士」，透過一天的旅遊讓不同世代的同志相互認識及看見彼此。

針對身心障礙同志，我們辦理了多年的「彩虹台灣手語班」，讓同志社群透過學習手語進而瞭解聾文化；同時也與殘酷兒合作舉辦「身心障礙同志活動」，讓障礙同志不孤單。

針對原住民同志，熱線協助「台灣原住民同志聯盟」舉辦各項活動，期盼在二〇一八年因公投而受傷的原住民朋友能彼此打氣與支持。

我們也用社會倡議行動、問卷、記者會及社運團體合作等方式，來觸及同志運動中較少討論的議題，如長期照護中的性需求、安樂死、照護移工勞動人權等。

「你會老，我會老，關心要趁早」是老同小組成立以來的理念，我們期盼社會能看見老年同志、同志社群能思考老化議題、老年同志能自在老化，在同婚法案通過後一起為老化議題一起做更多。

導讀

鑲嵌在歷史中的老拉故事：世代、階級與科技

撰文／莊蕙綺、王增勇、
凃沛璇、胡哲瑋、吳雅雯
（政大社工所王增勇研究室）

1．前言

這是台灣第一本老年女同志生命故事的書，但這不只是個人故事的集結，因為個人從不是獨立存在，而是鑲嵌在當時特殊的時空背景中，但這些歷史脈絡常遺落在個人故事中。因此，做為導讀，我們希望從各篇動人的個人故事中看到他們是如何鑲嵌在同志社群的發展與歷史脈絡中。為了幫助讀者有脈絡地理解這些老年女同志的故

事，我們選擇分屬五十歲、六十歲與七十歲三個世代的六位老年女同志做為分析對象（如表1），希望帶出在他們生命故事中重要的台灣女同志歷史，一個共同屬於我們的集體故事。這篇文章是作者們經過集體討論後共同書寫的成果，對於立足在不同社會位置的我們都是一次重訪自己與同志社群的過程，我們爬梳了四個貫穿故事的主題進行討論與分析，希望這樣的努力有助讀者進入這些老年女同志精彩的個人故事，同時也看見同志運動與時代的軌跡。

表1：受訪者基本資料

暱稱	外在形象	出生年次	受訪年齡	婚姻關係	職業	家庭	訪談時間
阿寶	中性偏T	一九三八	七五	異性戀婚姻（夫歿），育有三子一女，女兒也是T。	十三歲離鄉背井到台北，多做百貨業、電影公司、跑腿等工作。四十二歲時，夫歿，到日本工作（酒店吧檯、廚房）。	彰化員林人。家中有八個兄弟姊妹，排行第三。	二〇一三年一月十五日

黃曉寧	中性長髮T	一九四四	七二	無	歌手	一九四八年舉家自湖南安化來台。一九八二年黃曉寧移民美國之前，家人已經都先行移民美國。	二〇一五年十二月十一日
阿松	中性偏T	一九四七	六七	同性婚姻	英文翻譯	父母受日本教育，有一兄二姊，家境應該不錯，父有美籍船長朋友。	二〇一四年九月二十五日
雲帆	中性偏T	一九五五	五七	無	原貿易公司，公司關閉後，開卡拉ＯＫ（約莫二〇一三年結束營業）。	外省二代，從小在打罵教育下成長，母親是逼婚壓力來源。	二〇一二年九月十三日
老骨頭	中性	一九六一	五五	無	教職	父親在大稻埕經商，母親為縫紉老師。	二〇一六年十月十五日
小月	婆	一九六二	五五	異性戀婚姻（分居），育有一子。	從事幼教工作，已退休。	出生於台北，外省家庭，父親是文職公務員，母親是家庭主婦。	二〇一七年九月十四日

2．輕梳女同志社群發展歷程

（1）台灣「穿褲的」草根女女戀

受訪者最年長者有一九三八年出生的阿寶，在其侃侃述說的迢迢歲月裡，讓我們看見在台灣五〇、六〇年代的社會，縱使沒有網際網路般無地域限制的社群連結網絡、戒嚴噤聲得謹言慎行，依舊有著這群愛女人的女人闖蕩江湖的歷歷軌跡。一九五〇年代的台灣方起步朝工業經濟發展，西方女性主義思潮尚未影響社會對於男女的性別角色期待，男陽剛、女陰柔，女人被要求端莊賢淑、穿著裙裝乃是常態，男大當婚、女大當嫁是最根本的價值觀，社會大眾的腦海中根本就沒有「同性戀」的存在，僅以男女性別二分的概念來看打扮中性、長年穿著褲裝的女人，而稱這群女人為「穿褲的」，成為台灣早期社會對於「飄ノ」女人的稱謂。

在男婚女嫁家庭觀念強烈的社會裡，這群愛女人的女人難以尋覓適當的語言命名自己的身分認同和情感歸屬，然而宇宙萬事萬物皆有最好的安排，「穿褲的」女人們自然也有命運的相會，物以類聚、人以群分，透過在地個人的相遇和朋友間一個拉一個的集結，形成「穿褲的」女人夥伴互助的團體型態，他們結拜為兄弟，成群結黨在生活裡相互支持，在團體中撐出一個空間可以自在做自己；訪談中有七十五歲阿寶的結拜十三兄弟混跡大橋頭一帶、七十二歲黃曉寧的十二結拜兄弟加一位十三妹（是個gay）混跡中山北路一帶，聽阿寶說著基隆、萬華、台中分別都有在地的「兄弟掛」，方可想見在台灣各地更多未可得的故事裡，台灣草根女同性戀在民風純樸的年代已用自己的方式走出了一條愛欲情仇之路。

（2）美軍消費文化帶入T婆

美國的同志運動源起於女性主義和性解放運動，旨在將個體從性別、性傾向、性關係所受到的壓迫中解放出來，一九六九年美國紐約格林威治村的「石牆事件」被認為是美國史上首次性別弱勢群體的反抗，也被認為是全球同志平權運動的開端。回到台灣戒嚴時空，一九五一年至一九七九年是美軍駐台協防的時期，協防軍事、援助物資，派駐台灣的美軍人員也帶入了西方消費文化和同性戀相關的詞彙；因應美軍的生活娛樂型態，美軍俱樂部，西式餐廳、西點麵包店和酒吧紛紛應運林立，其中也包含了不分男女同性戀者皆能自在消費的gay bar。在此時代脈絡下，「Tomboy」（一般所稱的「T」）以及T的老婆（婆）等名詞在gay bar的社交場域裡出現，在趙彥寧（二○○五）的老T研究中亦可見生活於六○年代的老T們回憶，美軍文化消費空間的發展創造了男女同志自在展演的空間，本書內文則有黃曉寧描繪泡舞廳、酒吧、gay bar的傳奇過往。

西方女同性戀T婆角色概念，讓原本在台灣社會男女二分的性別角色期待下沒有位置的「穿褲的」女人，找到另一種來自西方優勢文化的自我命名，讓台灣的女同性戀者開始產生T婆角色的分類與命名的認同主體位置。然而，在六○年代的台灣，資訊傳遞不若現今有各式傳播媒體及網路般迅速，「同性戀」、「Lesbian」、「T」、「婆」等名詞的接觸在當時具有文化資本、省籍、國族和階級上的門檻；家境富裕的黃曉寧泡舞廳、在酒吧駐唱而認同自己為T；阿松直到三十歲為了突破工作上瓶頸去到美國才知道「同志運動」、「Lesbian」，正式開啟認同之路；小月則是在一九七八年他十六歲的時候，從《時報周刊》連載郭良蕙《兩種以外的》文章中初看到女同性戀圈內「湯包」（Tomboy）、「婆子」的愛戀樣貌；相較於阿寶參與的是酒家、身處勞動底層的生活圈，便較難接觸。有能力、有機會上酒吧、gay bar 的女同性戀者，或有跨階級、跨國族的交流，或以文學形式的轉譯傳遞，才得以讓社會大眾更加認知這些西方來的思想與詞彙。

（3）台灣解嚴後的女同志社交空間齊放

一九八〇年代中期，T bar 開始在台北興起，成為女同性戀社群文化和社交的重要據點（邱怡瑄主編，二〇一七），在當時性別二分的傳統社會氛圍，T bar 是T們結黨耍風流，盡情演練像男人專屬行為的地方，女同性戀者所操演的T婆角色彷若僅對應於男女關係的框架中（簡家欣，一九九七）。然而，在同性戀情不能大聲張揚、表現愛欲的異性戀社會裡，當時的 T bar 空間是女同性戀們得以透過消費，自在展演情欲樣貌的所在，亦形塑了T婆身分認同的集體社交型態。

台灣於一九八七年解除戒嚴令之後，被長期壓抑的人民自主意識，讓社會革新運動充滿民主量能，婦女平權運動組織蓬勃發展，爭取女性在家庭、婚姻、工作、經濟等平等權益，培植出校園內外對於性別議題具有組織、思辨、論述能力的女性主體，當西方女性主義思潮培育出一批對於父權體制社會具有敏銳的省思力和抵抗意識的知識分子，也滋養著參與婦權運動的女同性戀主體。

在威權體制正值鬆動的台灣社會，讀書會是知識分子們最常組織成員的形式之一，一九八九年「捶角度讀書會」的成立，由一批自海外歸國的女留學生丁乃非、王蘋、成令方、婦女新知基金會義工、大學校園女研社成員共同組成，閱讀西方女性主義經典、討論女性間的差異、女性認同、欲望、姊妹情誼等議題，其間流竄著各種欲望能量和友善同性戀的氛圍，乃至一九九〇年台灣第一個女同性戀團體「我們之間」的創立，正是由讀書會其中的女同性戀成員另行成立的團體；同年，促使大學院校女研社團經驗交流的第一屆姊妹營舉辦，深化女學生女性主義的討論之外，營隊中更有著若隱若現的女女情欲流動，在當時網路尚未普及，大學也還沒有女同志社團的年代，女性主義社團和課程成了大學中女同性戀們進行情欲認同和建立網絡的實體連結（莊慧秋主編，二〇〇二；邱怡瑄主編，二〇一七）。

五十五歲、從事教職的老骨頭，從小熱愛閱讀、吸收知識。關注婦運結識女性主義知識份子，並加入讀書會。女性主義經典閱讀的經驗，讓他對T婆二分的文化有所反思，一九九四年在《女朋友》雜誌撰文〈打破帥T、美婆的迷思〉，引發熱烈迴響。因女性主義思潮滋養而成的女同志認同不同於 T bar 中T婆社交型態的認同過程，對於父權體制的反思，讓這群女同志試圖顛覆T婆被認為是複製異性戀的刻板框架，「不分」的女同志身分認同衝擊也挑戰著T婆角色認同，呈現出女同志在不同世代、階級、文化資本間的差異性。

「我們之間」團體成員在一九九四年創刊《女朋友》雜誌，內容包括女同志的生活樣貌、生命處境、情感關係，也有思辨T、婆、不分認同的論述，每隔兩個月出刊的《女朋友》，讓女同志在普遍充斥異性戀情感電影、電視、刊物、書籍的環境裡，能夠擁有一份引發深深共鳴與認同感的刊物。尤其《女朋友》透過大型連鎖書店販售，讓中南部的女同志有機會購得，刊物最後面的「放電小站」更是提供打破地區限制的交友管道，當時 e-mail 和手機的使用不普及，聯繫上普遍都還是用市話、書信，會員制的筆友交友形式，保護會員隱私，由義工代為轉寄交友信件，貼心地為女同志創造交流互動的安全空間。一九六二年出生五十五歲的小月，在婚後透過《女朋友》看到 T bar 廣告而去探險，受困於初戀女友情傷時，撥打了刊物上的諮詢電話，而正式踏入圈子。《女朋友》至二〇〇三年四月停刊為止，共發行三十五期，此份實體刊物的存在，滋養了文青女同志在沒有網路時代的認同歲月。

時至一九九六年，網路是用電話撥接的年代，身為軟體工程師的女同志 Dingo 成立台灣第一個女同志網站「我的拉子烘焙雞」，一九九七年更名為「TO-GET-HER」，剛開站時僅是簡單的個人網頁，而後逐漸發展成龐大的華人女同志網路社群，跨越國界，直到二〇〇二年是集結最多海外女同志的網站（莊慧秋主編，二〇〇二）。一九四七年出生的阿松，三十歲後到美國工作才知道自己不孤單，透過朋友知道

「TO-GET-HER」，一用便愛上清爽的論壇介面，而成為「TO-GET-HER」的重度使用者。時至今日雖然「TO-GET-HER」已關站，但「TO-GET-HER」的興盛期間，無遠弗屆的網際網路和聚焦主題的論壇空間，讓華人女同志社群跨越國境、迅速拉近距離，集結成大型網路虛擬社群。

自九〇年代中期，網路逐漸蓬勃發展，吸引許多華人女同志的「TO-GET-HER」網站之外，同時期還有「小鎮姑娘」、「DearBox」交友性質的網路論壇。實體女同志空間諸如 T bar、餐坊、泡沫紅茶店林立，不若戒嚴之前，缺乏同性戀資訊和備受壓抑的交友空間，在台灣解嚴之後，人民自主意識與抵抗威權的社會運動，西方女性主義對於父權的省思和辯證，在在緩慢地讓社會大眾看見同志的身影、聽見同志的聲音，解放同志社群對性身分的認同、拓展交友形式，讓出生於台灣日治時期、戒嚴時期的受訪者，在解嚴後的民主社會，有機會接觸同志資訊、從《女朋友》交筆友、透過網站或實體消費空間認識社群，知道自己不孤單，汲取在異性戀社會認同自己與生存的能量。二〇〇四年 Facebook 網站成立，網路使用益發普及，交友管道從筆友、實體聚會，已轉變為網路上各形各色社群網絡的連結。

台灣女同志社群發展歷史與女性主義、同志平權運動有著密不可分的關係，在歷史洪流中積累著無數豐厚的同志運動篇章與精彩故事，我們僅將六位受訪者侃侃所述身分認同、尋找同伴、性身分的探索學習、生命中的悲喜哀樂，所鑲嵌對應的女同志社群發展歷程，進行對照與梳理。（如下頁表2）

3．生命四重奏

（1）文化資本與T／婆文化：認同與交友

相較於一九九〇年後出生的女同志，成長在網路資訊流通的環境，搜尋到女同志相關的訊息並不困難，甚至在街頭上，只要仔細的觀察路人的組成，便會發現打扮中性的女生佔有一定比例，對於女生與女生手牽手走在路上，俗稱辨認出誰是女同志的「拉達」逼逼作響。

表2：個人故事、認同與社群對照表

年代	女同志社群發展歷程	社群樣態	受訪者認同形式
一九五〇	台灣「穿褲的」草根女女戀。	成群結黨。	阿寶：團體夥伴支持互助。
一九五一至一九七九	美軍消費文化引入T婆概念。	成群結黨。 gay bar 消費文化。	黃曉寧：團體夥伴支持互助，在美式酒吧認同為T。 小月：於刊物中初見T婆故事。
一九九〇	T bar 興起。	T婆身分認同的集體社交型態。	小月：在 T bar 探索T婆認同。
	西方女性主義思潮：婦女新知編輯義工、大專女研社成員組「拯角度讀書會」，閱讀女性主義經典。	受婦運影響的女同志反思T婆文化，產生不同以往T、婆二分角色的「不分」認同。	老骨頭：參加婦運讀書會，反思認同自己「T中有婆、婆中有T」。參加「我們之間」，第二、三任女友是透過《女朋友》筆友或活動認識。
一九九四	台灣第一個女同志團體「我們之間」創刊《女朋友》雙月刊。	跨越縣市以書信交友、認識社群。	小月、雲帆：閱讀《女朋友》認識社群文化。
一九九六	台灣第一個女同志網站「我的拉子烘焙雞」成立（一九九七年更名為「TO-GET-HER」）。	跨越國界，打破地域限制，女同志在網路上群聚，形成大型虛擬社區。	阿松：透過「TO-GET-HER」認識女友、經營社群。 小月：透過「TO-GET-HER」認識女友。
一九九〇年代中後期	女同志實體空間林立（T bar、泡沫紅茶店、餐坊）、網路實體聚會。	透過實體消費空間及面對面聚會，拓展交友型態。	小月：T bar 探險、參加《女朋友》雜誌的歐蕾聚會。 雲帆：參加網聚，進而經營友善女同志的卡拉 OK 店。
二〇〇〇年代之後	網路使用率漸趨普及。	網路上形形色色的社群網絡連結。	雲帆：臉書女同志社團交友、開眼界。 小月：加入女同志 LINE 群組。

每個年代的女同志都有專屬那個時代的自我認同方式，但正如各種描繪愛情的文本，主角的情愫萌芽期落在青春期，所以在求學時期男女分校制度所創造的純女性環境橫跨各個世代共鳴，自一甲子以前就已經上演女女愛戀，是女同志情欲啟蒙的重要場域。黃曉寧初中在榕樹下彈吉他，唱民歌開始，風靡全校少女。大部分的老年女同志都在女校裡有段刻骨銘心的初戀，那時候沒有什麼人知道什麼是T婆，沒有人知道原來女生喜歡女生是女同志，以至於內在真實的感受無法表達；明明為同班同學的笑感到甜蜜，為了他的傷心而感到酸楚，小月和初戀密切相處了一學期，後來對方卻冷漠以對，讓他痛苦得在聯考前割腕。校園時期的同性情欲對五十七歲的阿松而言，儘管有女生示愛，還是覺得全世界只有自己是喜歡女生，這樣的孤單感來自於社會對於女生之間感情的質疑；老骨頭與同學間純純的愛，在同學耳語中度過五年。

離開了校園後，女同志文化資源與T／婆文化的脈絡，若以美軍消費文化與女性主義思潮兩項作為分界點，可粗略分成三種時期，第一個時期是韓戰爆發前的「前美軍時期」，在一九五〇年代，只有男女的分野，T在社會的性別二元化的期待下反倒沒有容身的位置，阿寶與同樣喜好做西裝梳油頭打扮的女同志結拜做兄弟，他們被社會稱作「穿褲的」，而透過團體的力量來減緩無法在男女間找到位置的格格不入感。

第二個時期是在美軍進駐台灣後一九五一至一九九〇年代，在戒嚴時期美軍俱樂部享有政治特權與文化優勢，讓西方女同志文化得以被看見，因此在女性主義思潮引進台灣之前，我們稱為「美軍消費文化時期」。黃曉寧在美軍基地駐唱時得知T婆文化；小月在過期雜誌的一角看見了描繪女女愛戀的湯包（Tomboy）與婆子的認同；有經濟能力的阿松與黃曉寧直接前往美國生活，阿松在美國工作感受到同事大方地談論誰是女同志感到驚訝，在大量閱讀相關文獻後才接受自己。從此時期可知道美國的同志運動已經漸漸影響台灣，但仍是專屬具有足夠文化資本與經濟能力的女同志，沒有機會接觸美軍消費文化的女同志仍被排除之外。

第三時期是美軍離台後的「後美軍時期」，隨著台灣解嚴，女性主義引入台灣，一九九〇年同志運動開始，社群資源便不再是有文化資本與經濟能力的女同志的專利，網路、刊物打破了地域的限制，五十七歲的雲帆跟五十五歲的小月可以透過《女朋友》雜誌認識女同志文化，小月可以在T吧流連間找到婆認同，老骨頭在T吧被質疑不像T，反思T婆文化，或是像阿松與小月可以透過網路論壇認識另一半；除了社群交友形式的改變，T婆文化的分野也被挑戰著，小月原本認同是T，後來在T吧中發現自己欲望的對象為T，才將認同轉成婆，隱含著T婆配對的觀念；老骨頭受女性主義影響，一九九四年在《女朋友》撰文〈走出帥T、美婆的迷思〉受熱烈迴響。並書寫自身「T中有婆，婆中有T」情欲。直到二〇〇〇年後，雲帆在實體女同志聚會才看見了不分與T婆和平共處，他們不再是對立面，而是交織出更多樣的女同志認同。

女生愛女生是渾然天成的，女同志卻是後天生成，女同志社群之所以與認同息息相關，是當看見了跟我一樣的人，我並不孤單，讓我接受了自己；從「穿褲子的」到「T婆」到「不分」，隨著社群的觸及率越來越廣，在茫茫人海裡，代稱不過只是在找一群懂自己的人罷了。

（2）婚家概念的轉變

近年多元成家的意識升溫，同性婚姻合法不再是禁忌的話題，街頭驚喜求婚，穿上西裝、披上婚紗，接受大家的祝福邁向人生的下一步，一切的美好經過了幾番的變化，才有今日的風景。

早年的T穿著成套西裝，在街頭與結拜兄弟玩樂、喝酒，將鍾意的女人視為囊中物，總是有許多浪漫手段打動女人的心，又把女人放在掌上疼惜，但終究不是男兒身，互許終身的承諾無法由自己來做，只好將心愛的女人送進男人的臂彎。黃曉寧與阿寶就在這樣的時代下生長出屬於自己的女同志生活，帥氣的外表並不招惹異樣的眼光，而是更多愛慕的眼神投射，成為目光焦點的萬人迷。風流的背後卻藏不住情感不被眷顧的事實，為自己、女人做出「好」的打算，只能看著他披上婚紗嫁為人妻，成為男人身邊的賢內助，是關係的結束，也是不得不面對的義務，作為親密消逝前最後的一抹浪漫。

網路提供新的空間，讓女同志可以超越空間的限制，認識彼此，也為女同志創造生命的許多可能。網路世界讓同志身分不再只是心照不宣的錯遇之時，便是融入體制的開始。更多的談論以及場所聚會，每個人不會只孤獨地等待相遇的機會，而是瞭解世界上有許多和自己一樣的人，「踏入圈子」從這一刻開始算起。移居美國的阿松因為美國同事的一句話，更開啟了人生網路交友的新頁，真命天女因此降臨在阿松的生活中，共同扶養孩子是阿松體貼老婆的表現，而合法化的婚姻更帶給阿松與孩子的一份安穩。五十七歲的雲帆走闖各個女同志友善的聚會場合、各大網路交友平台，內心仍渴望一位合適的伴侶，若要為這份感情在人生的路途中可以畫上一個完美的句點，那份婚姻保障是雲帆老有所歸的寄託。

同志運動蓬勃開展的時代，讓同志再也不是禁忌的關鍵字，婚姻的框架不只侷限在異性戀一夫一妻的樣貌，也可以是多元成家的選擇。小月在青春裡受過的情傷，讓自己曾以為不再是同性戀，結婚生子以後才發現異性戀婚姻不是自己想要的生活，逐漸展開婚姻外的精彩人生，發展過多段的地下感情，卻也難以忘懷異性婚姻中女性特有的擁有感，在同性與異性的婚姻期待下徘徊，最終放下感情的羈絆，一個人的生活，看淡了愛情。老骨頭意外被質問下向父母出櫃，父母無法接受，被安排了幾次相親。曾論及婚嫁，因生辰八字「剋夫」無疾而終。曾萌生再試試與男生交往，確認自己真的「就是愛女生」，也無法「跟不愛的人共度一生」。單身五年，雖期待有伴，自認與網路交友格格不入。目前過著打球、唱歌、讀書的充實單身生活。

同志運動的努力下，婚姻的想像空間產生多元且巨大的改變。七十多歲的老拉在過去兄弟結拜自成群體的年代，雖然可以恣意直接追求女人，卻也難逃步入異性婚姻的命運；六十歲與五十歲的拉子在尋覓同性親密關係上，「踏入圈子」是成為同志的重要步驟，在網路、實際的交際場合裡，尋覓社群中互有好感的最佳拍檔，不再只是履行異性婚姻的義務，而是相愛的人可以互許承諾、孩子獲得保障，實踐家庭的樣貌；隨著同性婚姻的推動，拉子成家育子已經不再是遙不可及的夢想，同志婚姻更顯兩人相愛的可貴，為了伴侶與孩子，盡心盡力形塑「家」的安穩與溫暖，儘管一張白紙黑字如同契約般的「證明」不足以述說滿溢的愛，卻是對一段穩定的親密關係實現的諾言。

（3）他們飄浪：勞動、遷移、族群

空間即是政治，六位老拉——阿寶、黃曉寧、阿松、雲帆、老骨頭與小月——分別鑲嵌在不同時光，工作際遇見證了台灣的政治經濟史，雖然身為女性在職場上受到極大的限制，但老拉透過跨國移動，追求自我的實踐。

一九三八年台灣還在日本殖民的這一年阿寶出生，經過日本皇民化的政策，見證台灣政治的變換。七歲時，台灣隨著日本戰後由國民政府接手，多項建設也因戰爭受損，為了提供國民政府的軍事支援，貨幣不斷膨脹，生活普遍困頓。一九四九年隨著國共戰爭中失利，國民黨伴隨著兩百萬軍公教人員來到台灣，開始發行新台幣並推動土地改革，那時四歲的黃曉寧舉家從湖南安化遷移到台灣永和定居。一九五一年第一批美援物資送抵台灣以舒緩通貨膨脹，同時農村歷經土地革命及農耕工具機械化後，釋放大量勞力進入勞動市場，紡織等製造業工作漸漸興起，十三歲的阿寶從老家員林到台北做百貨業、電影公司跑腿的工作。台灣當時經濟高度依賴美國，外來舶來品是人人爭相競逐的高檔貨，跑單幫進口的委託行擺滿國外進口的奢侈品，此時四歲的阿松，不時收到爸爸外國船長朋友送的蓬蓬裙洋裝，但阿松卻不為所動。

一九六〇年代台灣逐漸轉為工業社會，減免租稅吸引許多外資投入，如美國通用及RCA、荷蘭飛利浦等，紛紛來台投資設廠，生產勞力密集的電子產品。一九六五年美援停止，台灣為擠出更多農村勞力，採取「工業取代農業」、「低廉工資代工」等經濟措施，發展經濟讓出口大幅增加，其中也包括鳳梨罐頭。那年二十六歲的阿寶回員林做三年的鳳梨罐頭生意賺了很多錢。同年代台灣電視公司開播，一九六七年黃曉寧二十三歲剛畢業，擔任駐唱歌手並有機會上節目唱歌，被稱為「女貓王」；此時，剛畢業的阿松因為英文好，在貿易出口公司上班，成為台灣經濟起飛的先鋒。

一九七〇年代後期遭遇石油危機，台灣推動十大建設，促成經濟轉型，試圖發展交通與重工業。戰後日本經濟復甦，伴隨著性產業的蓬勃發展，許多台灣女性到東京、新宿歌舞伎町工作，台灣小姐成為店家招牌。一九八一年，三十八歲的黃曉寧遇見電視台為他開專屬節目的難得機會，但被要求以女性化裝扮演出，不願違背自身認同的黃曉寧憤而放棄節目，跟父母移居美國南加州經營酒吧；同時，三十四歲的阿松在台貿易工作因身為女性感到職涯發展受限，決定到美國紐約工作；二十三歲的雲帆在這時候進入貿易公司上班。一九八〇年，阿寶的先生過世，為了養小孩搭上當時赴日工作的浪潮，從事酒吧及廚房的工作，到一九八〇年代後期，因日本經濟泡沫化，許多赴日台籍女子紛紛回台，但阿寶因為在日本一個人生活很自在，決定不回台，一直到他五十七歲大兒子結婚才回來定居。

一九九〇年開始台灣產業外移到中國大陸，貿易公司漸漸萎縮，二〇〇〇年四十七歲的雲帆所工作的貿易公司也倒閉了，不久後他自行開卡拉ＯＫ店，經營了九年；此時三十七歲的小月，雖結婚有子，仍不顧一切地要與透過網路認識的同性伴侶阿丹去美國生活。二〇一四年七十歲的黃曉寧因為腎臟腫瘤回台，於二〇一八年過世。

老拉身為女性，深受職場性別歧視的限制：三台電視台主導的時代，受邀開設專屬節目是多難得的機會，但女貓王黃曉寧不願委屈自己改女性化裝扮而決定放棄，或者阿松在貿易公司也因為身為女性而無法突破女性在升遷上的玻璃天花板，即便很有能力，但進入到職業裡面仍因此受限。黃曉寧跟阿松都移居美國，尋求做自己的機會。不會說英文的阿寶也一樣出國到日本，為了賺錢養家赴日謀求賺錢機會。小月曾有機會為愛出國，但後來在母親的壓力下，還是選擇回到異性戀婚姻。以移動選擇作為抵抗，老拉掙開傳統女性的刻板束縛，不願屈就主流選擇離開，或者不願意逃避選擇留下來面對，他們在社會性別結構的限制下，展開具韌性又任性的移動，作為自己性別身分的主人——他們飄浪。

（4）反思同志運動的本質與起源

年輕同志對老年同志普遍存在一種刻板印象，就是老年同志生不逢時，無福享受同志運動帶來的解放；或是，老年同志大多活在社會的保守氛圍下，過得孤單與蒼白，因此慶幸自己活在日益同志友善的社會中。但六位老拉的故事將讓你完全翻轉這樣的刻板印象，年輕同志不得不問：我有他們活得精彩嗎？

以年紀最長的阿寶與黃曉寧為例，他們年輕時都有拜把兄弟，阿寶在台北大橋頭有換帖的結拜十三兄弟，阿寶排行第七；黃曉寧也有十二位拜把T兄弟，加上一位男同志變成十三妹，黃曉寧排第二。據阿寶說，那時各地都有拉子組成的「掛」，有「台中掛、艋舺掛、也有基隆掛，都有啊！」換句話說，在五、六十年前的台灣，拉子就已經開始集結成小團體，並透過集體行動勇敢做自己。其中最生動的莫過於阿寶的故事，阿寶的兄弟們每日上理髮院梳西裝頭、穿白西裝、騎孔明車，橫行大橋頭，看上女生，就用孔明車去撞，製造假車禍為自己創造機會，為性工作者摺花、參加喪葬禮儀站在最前面。如果同志運動的本質是處在社會劣勢的性少數者透過集體的認同與行動，向充滿歧視的社會進行反抗與挑戰，讓性少數的生活方式可以被社會所看見與認可，阿寶與黃曉寧的結拜兄弟無疑在當時成為他們在面對歧視「穿褲的」的社會時，為了能夠做自己而做出最勇敢的反抗。看了他們的故事，我們怎能以為，同志開始對抗社會、努力改變處境只在同志運動興起之後，而忽略他們在戒嚴時期的一九六〇年代所做的集體行動？

阿寶與黃曉寧雖然屬於相同世代，但省籍的差異讓他們分屬在不同的文化資本階級因此有不一樣的故事。阿寶雖然在拜把兄弟的護持下，充分實現一個鐵T的生活，但異性戀家庭仍是阿寶謹守在心的戒律：他勸他所有的女朋友去結婚、他十二個拜把兄弟，除了一位其他都結了婚，阿寶回到自己的原生家庭仍謹守一個女兒與母親的本分。但外省籍的黃曉寧因為會彈吉他唱西洋歌曲，在美軍俱樂部駐唱，而有機會接觸到美國同志文化，那晚黃曉寧唱歌，美國大兵看著他的外型，對他大聲喊：「Martha! You are a Tomboy!」，成為台灣最早經由接觸美國文化而認同自己是T的女同志。他的十二位結拜兄弟，分別在德惠街的酒吧夜店、中山北路的西餐廳、黃曉寧唱歌的piano bar結識，一群人吃飯打架、舞廳跳舞、訂製西裝、交女友、養女人、飲酒作樂、通宵，一路這樣認真工作、使勁地玩。這些拉子團體雖然可能侷限在少數都會區，也沒有民主體制可以讓他們對國家政策與整體社會產生制度性的改變，但這些團體卻支撐了當時拉子認同那個不同於主流社會的自我，並活出屬於當時拉子獨特的生活型態。這難道不是屬於那個世代的同志運動嗎？

晚阿寶十年、受訪時六十七歲的阿松則是從小「覺得我是全世界唯一的，不正常的人」，直到他移民到美國，才開啟拉子的認同。在美國作為亞洲人的他，一直無法打入當地同志社群，直到一九九六年網路世代來臨，台灣第一個女同志網站「TO-GET-HER」成立，五十歲的阿松一打開網頁，便愛上乾淨清晰的版面，只鍾情於此網站直到關站。透過TO-GET-HER，阿松的生命有了一百八十度的轉變，二〇〇〇年在雙性戀版認識了現在的伴侶小蘭，並在同志婚姻合法化之後，在美國登記結婚。

接下來三位五十歲的女同志進入同志社群的方式，就更為多元。出道較晚的雲帆也是從當時的網路平台「TO-GET-HER」和「小鎮姑娘」開始進入社群，但雲帆還是感覺網路社群不利像他這種熟女同志。於是，在他年屆五十二遭遇公司關閉的機緣下，他開始探索實體性別友善店家，開設女同志卡拉OK，在女同志消費空間中，雲帆帶領自己進入一段段同志故事。

小月進入社群的管道，除了網路與T吧之外，還有報章雜誌的出版品，反應他文青的性格。在高中同志戀情苦澀結束後，小月即投入異性戀婚姻。直到十多年後的一九九六年，文青特質的小月逛誠品時，偶然發現由台灣第一個女同志團體「我們之間」發行的《女朋友》雜誌，召喚出他內心隱藏多年的拉子身分。他開始參加我們之間所舉辦的「歐蕾」（old lesbian）聚會，正式涉入「圈子」，開始他的T吧生活。又在「TO-GET-HER」和「2girl.net 女子拉拉學園」（俗稱「2G」）回應文章認識一些在美國居住的拉子，以及他後來的前女友，讓他兩度提出離婚的要求，但因先生拒絕與母親抗議下作罷。

老骨頭曾在中學時與同學有純純的愛，卻不知道那是什麼，無解的困惑讓他只能把自己泡在書堆。直到就業擔任教職，身邊同齡者步入婚姻，懸而未決的疑問變得迫切。雖然嘗試交往男性，也被家庭強迫相親，幾經嘗試讓他更確認自己喜歡的就是女性。老骨頭曾經自認為是T，獨闖T吧時卻被質問「一點也沒有T味」，也曾被追求的婆指著他的女用皮包，調侃「我們是同一國」。他沒有對既有的文化妥協，而是開始反思T婆文化，在女同志雜誌撰文批判，引發迴響。後來老骨頭以「T中有婆、婆中有T」自居。他能具備這些批判反思能力，來自於他關注當時正蓬勃發展的婦運，也因為對知識渴求，接觸了女性主義知識份子，後來加入女性主義色彩濃厚的讀書會，閱讀更多女性主義經典。後來參與「我們之間」，也成為《女朋友》雜誌辦活動的對外窗口。第二任與第三任女友，都是透過《女朋友》的筆友或活動而認識。

回顧六人三個世代的社群管道，我們可以發現，第一代七十多歲的阿寶與黃曉寧是靠著在地草根實質封閉性團體的成立，建立親如兄弟的情感，相互支持，成為人生支持的力量，減少了作為「穿褲的」社會邊緣人的孤立，開創活出自己的空間。第二代六十多歲的阿松在台灣沒有找到相同的人而感到孤單，直到移民到美國，才在美國的環境下接納了自己，但在西方社會找不到同文同種的女同志的困境，直到網路的發展，透過「TO-GET-HER」而改寫了阿松的生活。第三代五十多歲的雲帆、老骨頭與小月透過T吧與卡拉OK的消費空間、網站、同志文學與雜誌書報，還有女性主義的思潮與運動等等多元管道，開創自己在女同志認同上所需要的支持與人際關係，從而開創自己在女同志生命中的機緣。每個世代有著各自的侷限，但也都有相對的努力，女同志運動的種種努力，例如開設網站、成立團體、發行刊物，都讓當時的女同志享有前人所未有的空間，充分展現台灣女同志社群的主體性。我們不必為老拉所活的世代感到悲哀，反而應該感恩他們無愧自己的生命，在那個世代的限制下，仍活出精彩的人生，讓後人可以享受他們努力留下的成果。

4．結語

在台灣的歷史脈絡中，拉子雖是性少數但始終不曾放棄活出精彩的生命。在沒有任何文化資源的情況下，阿寶與黃曉寧靠著拜把兄弟的團結，活出穿西裝、騎孔明車、交女友的鐵T樣態；黃曉寧更以吉他歌手的身分，進入美軍酒吧，獲得Tomboy的認同並進一步成為人稱「女貓王」的著名歌手。但職業生涯對女性的不友善，讓黃曉寧痛失開節目的機會，而擅長英文的阿松在貿易公司也碰到玻璃頂，黃曉寧與阿松不約而同遠走美國，尋找人生的出路。阿寶在喪夫之後，遠赴日本在性產業打工試圖養活留台的子女。六、七十歲的老拉在男女界線分明的時代，靠自己的堅持與團結活出自己，但仍受限於父權社會對女性的壓迫，老拉靠著跨國離散，為自己的生活爭取一條出路。外在活出鐵T的樣貌，阿寶內在卻仍服膺傳統家庭與婚姻價值，他自己、他的女友和他的拜把兄弟幾乎都嫁人，而黃曉寧與阿松到了美國之後，才能享有與女友同住、甚至合法結婚的自由。

結構性的改變要等到台灣解嚴後，女權運動伴隨著同志運動讓性少數群體有機會發聲，以集體行動的方式向圈內社群與外在社會進行介入。網路的發展帶給女同志不需要實體現身就可以認識彼此卻又可以保有隱私的新空間，第一個女同志團體「我們之間」成立後，發行刊物、推動社群聚會，讓女同志終於有專屬於自我的空間，讓阿松、雲帆、老骨頭以及小月都得以在生命中找到同儕、甚至伴侶。解嚴後所開放的政治空間讓同志運動有機會推動性別平等教育，舉辦同志大遊行，以至於近年來的婚姻平權，顛覆與轉化原有僵固的婚家制度，讓原本無法想像成家的同志們有了成家的可能。阿松在美國合法登記結婚，小月在婚後多年在T吧與網路上重新開始高中被迫終止的拉子戀情，而老骨頭雖然單身，女性主義的訓練，讓他懂得安排自己過著充實的生活。這些生命的可能是一波波拉子集結運動所累積出來點點滴滴的改變，並非一夕之間完成的。他們的努力或許在他們有生之年無法享受到制度的改變，但他們的不放棄讓台灣社會得以轉化成一個更同志友善的社會，這些點滴落在後人的生命故事中，我們可以說：個人生命鑲嵌在社會裡，而社會因為個人的努力而轉化著。個人與結構之間的辯證關係，讓我們細細地在這些拉子的故事中，見證並感恩同志社群的軌跡。

參考文獻

邱怡瑄主編（二〇一七）。《以進大同：台北同志生活誌》。台北：財團法人台灣文學發展基金會。
莊慧秋主編（二〇〇二）。《揚起彩虹旗——我的同志運動經驗 1990-2001》。台北：心靈工坊。
趙彥寧（二〇〇五）。〈老T搬家：全球化狀態下的酷兒文化公民身分初探〉，《台灣社會研究季刊》，五七，四一至八五。
簡家欣（一九九七）。〈喚出女同志：九〇年代台灣女同志的論述形構與運動集結〉，台灣大學社會學研究所，碩士論文。

故事1　阿寶──大橋頭的飄ノ歲月

撰文／喀飛
訪談／喀飛、小小、莊蕙綺
訪談日期／二〇一三年一月十五日

短髮、全套白西裝，騎著孔明車[1]，一群「穿褲仔」的「女生」，在延平北路穿梭而過。這場景發生在半世紀前，台北最熱鬧的大橋頭[2]鬧市街頭。阿寶回顧，「當時我十七歲就和一群同款穿褲的結拜，我們有十三個人，我排行老七。」

當年可沒有「小版男裝」、「中性服飾」這樣適合T的成衣，生理女性要穿西裝只能訂做，他們習慣去當時的西裝名店「猴標」量身訂做。如此大費周章、不惜花費，關乎這群「穿褲仔」的面子，是某種「兄弟相挺」、「江湖面子」的道理。

不同於現在常見生理男性「兄弟」出場的全身黑西裝、開黑頭車展現排場氣勢，當年這群現在被稱為T、被喚作「穿褲仔」的一群人，卻是以全身白的裝扮，表達對友人長輩喪禮的厚重禮數。

從小就開始男裝打扮

阿寶出生於一九三八年的員林，上有二個哥哥，是女生排行的長女，下有一個弟弟一個妹妹。

阿寶小時候穿的是哥哥長大留下的男生衣服，「阮老母把我穿成男孩子的樣子，穿習慣了。家裡做生意又種芭樂，要穿成這樣才不會被男人欺負。」

十三歲跟著姑姑到台北，和姑姑一起住在他工作的鐵路局（現在的台鐵）宿舍，開始在台北生活。做過各種工作，早餐店、豆漿店、在電影公司送片到各地戲院、百貨公司……拿到薪水就寄回員林老家給父母。後來也曾經自己做過三年生意，跟果農包山（契作），荔枝、龍眼、蘆筍收成了，再交給公司做罐頭。

出生到少年時期，歷經了日本人發動太平洋戰爭、日本戰敗投降離開、國民政府接收、蔣介石政權來到台灣……大時代的風雨和當時經濟的困頓，全不在他的回憶出現，因為他自己「風光」的一生比大時代故事還精彩。

剛見到阿寶的時候，他穿著短褲，短短的頭髮，就是一個鄰家大叔，或是一位親切爺爺模樣。

作為聽故事的人，心裡有些疑惑，「你小時候曾因為不像女孩被罵嗎？」「家族、鄰居、同學會嘲笑或以奇怪眼光看待嗎？」

這些問題來不及問，阿寶就像打開的水龍頭，嘩啦嘩啦地就自動沒停止地流出。二〇一三年訪談時已經七十五歲，就像許多人家中的老爸爸、老爺爺，話起當年勇的那種、敘述帶點抑揚頓挫的霸氣，一股腦兒的重現他超過半世紀的風光勇事。作為晚輩，聽得津津有味、嘖嘖稱奇，也不想／不好打斷他的興致。

這群一樣「穿褲的」老T，白天工作，晚上就混在一起。常在外面混到夜裡兩、三點才回到台北車站附近西站阿姑的宿舍，怕被罵，後來就搬出來在三條通[3]租房子住。

他們這群台北掛的，到處玩到處交朋友，一個牽一個，也認識了同樣「穿褲的」台中掛、基隆掛、艋舺掛。在那個近半世紀前、社會還不瞭解同性戀，更談不上接受的古老年代，「同性戀」、「同志」、「T」這些名詞還沒有成為當時這群人身分認同的時代，他們已經找到同類相聚，也跨越縣市往來互動。用現在的想法來看，這已經形成了「準同志社群」！

這群人見面少不了酒，喝起酒來不囉嗦，常常是整罐整罐地喝，早期是喝竹葉青和高粱酒，後來台灣開始有進口酒了，也喝威士忌。

酒量這麼好，現在還喝嗎？

「二十年前戒了！有次兩個人喝了三罐高粱，喝到燒肝，吐到連膽汁都吐出來。」後來去給員林一位九十歲老醫生看，才治療好。老醫生警告，他的醫術後輩沒人傳承，以後如果再有下一次就沒得醫了。老醫生閱人無數，還丟了一句，「我看你兩個月後就又會再喝了。」果然被說中，身體好了過兩個月又開始想始喝了。喝了幾次之後，老醫生的話浮現，想想這樣不好，才慢慢戒掉，那時候戒得很辛苦。

江湖義氣鐵漢柔情

阿寶行走江湖有豪邁之氣，五湖四海就講個義氣，人生風景有繁華有蕭瑟，起落之間總是不強求的隨遇而安。

在意氣風發的歲月，少不了江湖張力。人馬雜沓的大橋頭各路人馬匯集，難免也有不長眼的傢伙，有次大夥聚集玩拾巴啦（骰子），有人賭到身上沒半毛錢了，嗆聲：「你們是查甫的還是查某？」（你們是男是女？）說完被換帖的拖到巷子裡打。

「阮沒事是不會去欺負人，但如果侵門踏戶，那就太過分。」在外走跳，被環境訓練自我保護的強悍，但是鐵漢也有柔情，遇到弱者，心腸軟的個性又藏不住。

以前常去的吉林路賣水果阿伯就曾笑他，「吼！那個人就是專門騙人的，你還被騙！」阿寶心中自有一把衡量人心的尺，「被他騙也只是騙吃飯錢而已！他就說他三天沒吃飯了，我只是煩惱人家沒吃飯。」

有次去台南下營玩，有個女人在賣芭樂，他說，剩下的三顆要賣完才能去買米買菜煮給小孩吃。阿寶聽到二話不說，丟一千元給他，芭樂也不要了。一群同行朋友笑他，芭樂沒拿還給人家一千元。阿寶說：「三個小孩等著吃飯，你聽到不會難過嗎？我叫他趕快回去煮飯給小孩吃。」

古早時的交友撇步

二十六歲開始交女朋友，前後曾有十八位。什麼？古早不是沒有同志社團、沒有同志社群也沒有網路嗎？竟然有十八位女友！「女友都是去哪裡認識的？」

「兩個女孩走在一起，我們一群就起鬨，來去撞他，撞了如果他不會罵我們，這才交得到。」

聽到阿寶說的，讓人睜大眼睛嚇了一跳。他講得直率誇張，其實是為了吸引路上女生，騎孔明車故意製造的假車禍。在那個沒有社群、沒有同志社團的年代，喜歡女生的女生，也只能挖空心思，想出這種「不打不相識」的妙招。

看起來是情場高手的阿寶感嘆，「現在的女孩比較沒定性，不像我們那時候交的女孩單純。」

形容自己「很壞」，女生看一個愛一個。不過他「花心」倒也不一定是我們心中想的那樣，「十八個女友交往時間沒有重疊，後來他們都去結婚了（異性戀婚姻）。只有住恩主公附近那個，等了我四年。四年跑給他追，他找不到我。」

這群從年輕「穿褲的」，從十幾歲開始混跡大橋頭。經常混夜店，換帖「兄弟」各行各業都有，有人來自延平北路的五金行，有人是知名冰淇淋老闆的養女，也有人家裡開金紙店。到現在還有「相找」（互相往來）的只有三個，其他的都散了。

那時候常混酒家，「有查某的那種」（陪酒小姐），出手闊綽，小費比男客人給得多，「我們叫的女人絕對沒有讓他轉枱的。」

這些換帖交往的都是「上班的」，也有人和歌仔戲班的當家花旦交往，阿寶喜歡的卻是鄰家女孩。

「我不愛上班的。有的上班的女孩都會拿錢要給我用，我不要。」女友對他好，來就幫他洗衣服、燙衣服。有時阿寶玩到半夜才回家，女友還起來煮點心給他吃，非常照顧他。

「而且我交往的大都是獨生女！」他回憶著，「台中那個建築師的女兒、住杭州南路還有住汀州路的，也是獨生女。」有一個，只要看到他和其他女生在聊天，就覺得他看上人家，開始吃醋。「他很盧，吵到後來，他的父母還來拜託我要讓他。」

「女友父母不會反對你們交往嗎？」聽到這裡，訪談的我們忍不住問起。「不會反對才叫我讓他三分啊。」

女友們最後總是踏入婚姻

不過，當時社會仍普遍有「結婚才對」的價值觀，「有的要去結婚了，我也是說好，讓他去結婚。也有女友不去結婚，我硬叫他去結婚。捨不得的，變成我跑給他追。」

對我們來說，兩人相愛不是應該一起對抗逼婚嗎？「你支持他們去結婚？」

「人家父母來拜託我啊，算說是父母都已經放軟（身段）來跟我拜託。他們說，要不然你們（即使繼續在一起）最後也沒有辦法那個（結婚）啊。」

「你不會覺得難過嗎？」

「要說難過也沒什麼難過，不知道什麼叫做難過。那時候我的女人太多。」

他用一句聽起來很臭屁的炫耀話，看似輕描淡寫為當時的心情註解。這其中，究竟是陽剛慣了所以不讓人看到傷心柔弱的一面？還是，面對不可能撼動的、當時的社會壓力，只能被迫認清現實的無奈妥協？

十八位女友大部分是中部人或南部人。有一次，和結拜「兄弟」一起去北港玩，認識了當地的女孩，騎著孔明車在北港玩了一天。後來女孩和父親跑到台北，找上阿寶的姑丈要提親，姑丈哭笑不得就說，「他不會娶你啦！」對方以為是擔心聘金問題，還說：「我們不收聘金啦！」

阿寶一邊回憶早年的風流韻事，一邊自我解嘲：「我不說話，沒有人知道我是女生。以前在員林做生意時也有一個，去跟我老母說要提親。」儘管他當成趣事在講，還開玩笑說，這女生眼睛看不清楚，但是認真細想，這些被當笑話的情節，也就是只准生理性別一男一女結婚的婚姻制度下、對同性戀人的不公平。

自己也踏入異性婚姻

和邂逅的女孩無緣相伴，和豐富情史裡交往過的十八位女友也沒有機會結為連理，阿寶卻意外地進入異性戀婚姻。

「後來怎麼會結婚呢？」

「講起來你們會笑！」

本來還擔心，問一個老T結婚的事，會不會太冒犯，阿寶倒是很大方地用這句話開啟故事。

「本來是我的女友和他交往，後來女方父母反對，雙方鬧得不可開交。我為了打賭跟男方嗆聲：『不然我敢嫁你，你敢娶嗎？』他就說：『娶就娶啊！』」

阿寶說，結婚前先生就知道他是「交女友的人」，兩人結婚後生了四個小孩，先生在婚後並沒有限制他，阿寶依然在外「走跳」。

彷彿是生命中意外的篇章，又似乎是和一個T的生命格格不入的人生插曲，說故事的阿寶沒有太多描述，很快速地翻過這一頁，只是心有所感地說：

「阮頭家（丈夫）講起來本性不錯，他是湖北人，大我二十歲。憑良心說，他給我很大的自由。」

飄洋過海遠赴日本工作養家

四十二歲那年先生過世，沒有留下什麼財物，當時最大孩子十九歲，其他三個還在念書。面對龐大經濟壓力，阿寶毅然決定前往日本工作賺錢。

「要不然在台灣沒辦法賺錢，房租錢也不夠！」

這一去就是十一年，除了初期曾回台一次，後來幾年完全沒回來。「當時機票很貴，去日本工作是辦『黑的』（非法），如果一直回來也不知道能不能再出得去。乾脆（久待）賺夠一點。」

阿寶在酒店做吧檯，十一年間換過六家店。剛去的時候也不懂日語，慢慢學，接待客人要說的日語一個一個用國語寫，貼牆上當小抄。日本薪水高，前期五年月入約（台幣）六萬，後來日文流利了，後期月入十多萬。

阿寶一邊回憶往事，一邊招呼我們吃麻油雞湯，知道我們要來，他煮了一大鍋，香氣撲鼻，這麼好的手藝原來是到日本工作時給逼出來的。

在台灣有人服侍，從來不進廚房，到日本為了生活，四十二歲才開始學煮飯做菜。當時日本習慣用瓦斯煮飯，完全不會煮，剛開始不是沒熟就是燒焦，煮的菜被住一起的人嫌不是太鹹就是沒味道。後來一位也是台灣去的、店內的紅牌慢慢教他，才漸漸學會。

四個小孩當時自己在台灣生活，靠當時已經出社會工作的老大「同」照顧其他的弟弟們。

在日本工作十一年，後來自己租了公寓，白天沒上班時去打柏青哥（小鋼珠），要去哪都沒人管。一個人自由自在很符合阿寶的生活習慣。「大兒子要娶某（老婆），拜託我回來。」

混跡天涯，看盡人生，雖然不曾和女兒面對面問過，阿寶很早就看出女兒也是喜歡女生。「我又不是看不懂，我早就看出來。我形形色色的人看太多了，他讀高中畢業以後就知道了。」

年紀大了，阿寶腳不若年輕時有力，不再如以往全台跑。偶爾腳痛，現在一起住的女兒會帶著他去看醫生。假日也常常在女兒接送下，到外面吃飯或是和老朋友聚聚。兩人一起生活，互相照顧著。

經歷過那個對不婚者總會給壓力的社會，問阿寶會不會煩惱以後女兒一個人？他說：「說不會想是騙人的，做人家父母的都會。我也是想過，如果未來有一天我眼睛閉上他怎麼辦。」

不習慣直接表達親情的阿寶，一如年輕以來的江湖來去的瀟灑，不曾去過問女兒的情感狀況。他向來不喜歡人家念，也一樣不去管別人。

「人生是人家的自由。要不要結婚是他的自由，不嫁以後比較清閒，有人結的不好也是煩惱。」以前兒子還說，不要姊姊嫁給醫生、警察，阿寶直接罵他，「你做人家弟弟的，管人家管那麼周到。」

家裡有個和人家不一樣的媽媽，阿寶這些比電影還精彩的人生故事，以前會說給孩子聽嗎？

「那個已經『回去』（過世）的二兒子，我會說給他聽，那個比較愛聽我說這些。我如果說過去的事情，他就高興得不得了。其他的孩子都不想聽，都跟我應一句『這和現代不一樣』，就沒有話好說了。」

難以開口的傷心往事

聊著聊著，如果不是奇妙地轉入「二兒子因愛滋病故」的話題，我們也不知道怎麼貿然開口問這段傷心往事。

阿寶提到他在醫院時有種預知能力，「哪一間要死人我都知道。那時候我兒子要『回去』，我也知道他什麼時候要走。」

「他屬龍的，三十一歲就走了。很快，住院才一個月。」

剛開始阿寶的語氣還算平靜，但是講到過世後，醫院要求把遺體留下來化驗做為研究用，他卻開始有點激動。

「我說不要！（生前）每天給他抽龍骨髓，我們想說看會不會快點好起來，抽到腳筋都不能走了，他自己也沒信心要活了。（死後）還要化驗什麼？我很生氣不給他們化驗。」

十八年過去，回憶這段發生在一九九五年的往事，阿寶的不滿還積在心頭未消。那是在雞尾酒療法尚未出現的年代，人類社會對愛滋束手無策，生病彷彿被判死刑，醫界急著尋找解方，家屬面對的是命運的無奈。

「我小兒子是讀研究所的，他說，（化驗）要檢查哪裡就割哪裡，割一割只有一塊白布蓋著，留下給你去燒啊。我小兒子才會說，不好啦，他死得那麼可憐，還給人家那個……」抵抗不了死神的無情，只能拒絕身後被化驗，讓往生的親人不再受到肉體磨難，這儼然成為傷心家屬最後可以做的。

「醫院說如果答應就會給我們十萬，我才不要。那個主治醫師看我不同意，開始說英文，講一堆我聽不懂的。我叫大兒子來跟他說，他會英文。大兒子跟他吵了兩個鐘頭，後來講不過我們，醫院的律師就翻臉，跟我們說，這個會傳染。害我們一家都被迫去檢查。你看那個醫生有多惡質，現在只要看到台大的醫生我就很堵爛（不爽、痛恨）。」

浪裡來火裡去的閱歷，讓阿寶在說故事時，感覺不到太大的喜怒，訪談時已經七十五歲的他，談起什麼往事好像都雲淡風輕。我們這些晚輩好幾次邊聽邊驚嘆，他則是一派淡定。卻是在回憶兒子病故時，爆了粗口。人生恩怨情仇都因時間而淡去，只有喪子之痛，過了近二十年依然像插在心頭的一把刀。

問阿寶到了這個年紀，經歷過各種際遇，有什麼事以前沒做過、現在會很想去做的嗎？

他淡淡地說，回台灣後開始走廟，去爬山就會去走廟，也拜師、也皈依，現在比較清心，不會去想些有的沒的。

「有時候和換帖的聚會，他們會嚷著：『以前年輕時比較好玩，現在都不好玩！』我說：『你們還在想這些！』」

年輕時走遍各地，各處都有朋友，到現在高雄的友人還會一天到晚打電話一直催他去玩，「不要去啦！沒空啦！年紀大了。」

以前的日子屬於江湖、屬於朋友，現在則是和子女家人相處為重心。兒女會帶著他去吃飯，出國也邀著他。「有次大兒子要去美國，小兒子要去法國，兩個問我，你要跟哪一個？我兩個都不要。」表面上是叨唸著言語不通不自在，言語中卻似流露著心滿意足。有時候兒子出國媳婦上夜班，阿寶就去幫忙帶孫子。他誇讚孫子聰明還會英文。圍繞著孫子叫阿嬤的場景成為阿寶老年生活主要的畫面。

撰文者簡介

喀飛

五年級，文字工作者、同志運動長工、《彩虹熟年巴士》主編。十二歲知道喜歡男生，二十歲踏入同志社群，三十歲開始參與同志公共事務，同志諮詢熱線發起人之一。投入同志運動超過二十年，關注同志與愛滋汙名、感染者人權、老年同志、青少年性權、台灣同志運動史。喜歡聽故事、說故事、寫故事；覺得歷史、地理、旅行、貓咪、泰國都是很有趣的事物。相信社會運動不只是一種政治信念，也是一種生活中實踐的態度。

1孔明車：單車，北部閩南語稱孔明車，中部閩南語稱鐵馬。

2大橋頭：位於台北橋近台北這一頭的鬧市，算是台北歷史悠久的鬧市與夜市。

台北橋於一八八九年興建，原為鐵道橋樑，兩側人車可行。一八九七年颱風侵襲斷裂，鐵道改經萬華，跨新店溪，原橋鐵道拆除。一九二五年改建為鐵橋通車，「鐵橋夕照」成台北勝景。一九六八年拆除鐵橋後改建四線車道水泥橋通車，通行需付過橋費。一九九六年改建後六線車道通車，是現在樣貌。

台北城跨淡水河、新店溪所有出城各橋樑，以台北橋歷史最悠久，其他的忠孝橋、中興橋、重陽橋皆是戰後所建。

早年至今，中南部北上的許多人因為經濟弱勢只能選擇住城外的三重埔，台北橋成為銜接台北舊鬧區大稻埕和三重埔唯一孔道，出入必經的大橋頭成為人聲鼎沸的重要市集、夜市。

3三條通：屬日治時期台北市大正町，原華山車站北側，中山北路以東、新生北路以西、南京東路以南，內分為一條通到九條通。三條通位於中山北路一段五十三巷及林森北路六十七巷。

故事2　黃曉寧——帥氣女貓王

撰文／湯翊芃

訪談／湯翊芃、同、阿Sir、喀飛、小嗨、NB、Slow、狐狸、安安、Oreo

訪談日期／二〇一五年十二月十一日

在清泉岡的美軍俱樂部，美援時代[1]的末期，有位一六五公分的帥氣小生，拿著吉他、唱著那個年代最流行的美式民謠，世人不知當時痛徹心扉的帥氣小生正把酒高歌、想澆熄那心中的悲火、想搖滾那甩不去的多情，一位失戀的歌者在台上唱著歌，啜一口酒開開嗓之際，美國大兵看著他的外型，指著他對他說：「Martha! You are a Tomboy!」那一刻的他不明白那是什麼，沒人明白那是什麼，不過這句話，觸及了這位帥氣小生生命裡的某個開關，也幾乎成了台灣女同志社群西化的一個歷史轉捩點[2]。他是黃曉寧，台灣最早一位以男性形象出道的女歌手，他是位「T」（Tomboy）[3]，就如同那位台下的美軍觀眾所言。

他的名字在六、七〇年代曾赫赫有名，在螢光幕上沉寂多年，近幾年扛著不老的身軀在幕前復出，上了台灣各大節目仍不減他的威風，也在中國大陸選秀節目中與素人站在同一線上競逐。資深前輩都稱他為大前輩，藝人陶喆也在節目中美譽他為華人藍調、搖滾音樂的先驅。民國五十八年先後在台視、中視的節目中演出，之後固定在「青春的旋律」演唱西洋歌曲。主持過華視開播不久後的節目「昨日今日明日」，是台灣西洋音樂的代表人物。此外，他也參與了校園民歌時期[4]的創作與歌唱。

中學時開始組團唱歌

一九四四年（民國三十三年）生於湖南安化，一九四八年（民國三十七年）與父母舉家來台，居於永和。愛玩又像小男生的他，從小就跟男生打玩在一起，打沙袋、打彈珠，玩些小男生的東西。母親見他調皮，讓他早讀國小，讀的是女師附小，國小的時候就比較欣賞相貌亭亭、發育較好的成熟女孩兒，跟臭男生們則是打架。不愛讀書的他，初中時選擇念當時新辦的學校開平中學（等於說黃曉寧是第一屆校友），因為一群年輕氣盛的男男女女成天玩樂，有一日他們到田裡兒戲，不小心砍了棵大樹，此事延燒到校長那頭，不少同學被退學，而沒有被退學的黃曉寧也因此被母親要求重考，考上了靜修女中，一念就是六年。

總是班上身型較小的黃曉寧因著愛運動，打籃球、打壘球又打乒乓球，初一才一三三公分的他在初二已經抽高至一六三公分了。初二時，家裡多了台黑膠唱機，讓只有收音機的青春歲月有了更多美好的旋律，他開始聽歌、玩吉他、組合唱團、在校園的樹下唱歌、也當樂隊指揮，帥氣瀟灑的他中學時就風靡了靜修校園，戀情與情書不斷，固然也沒有太多因為喜歡、吸引同性所帶來的困擾，這些同志情節，都發生得自然而然。

聯考考得並不理想，上了銘傳商專，沒有落榜是有些慶幸，因為他在聯考的前一天還在中山堂唱歌。就像電影《牯嶺街少年殺人事件》裡頭音樂會的場景，同樣的血氣方剛，同樣在中山堂，同樣地帶著樂隊，同樣是貓王的曲子，唯一不同的是：台上拿著麥克風唱歌的是黃曉寧。

江湖野史與八卦情史

人的一生要扮演很多角色，有舞台的人更是。熱線的義工夥伴們帶著粉絲的心情前來進行訪談這位Uncle[5]，除了先上網做好功課以外，也準備許多問題來到這家座落於南京東路巷弄的美式餐廳。場面就像歌友會一樣，一開始聊音樂，大家點頭如搗蒜，曉寧老師看著大家僵直的身子，馬上換掉他歌手的身分，點起菸，拿起零嘴請大家吃，搭配幾個豪邁的勾肩搭背，大夥成功地把話題帶進了最引人入勝的部分：江湖上的野史與八卦情史。

一生摯愛幾回，對於七十二歲的曉寧老師來說，閱人無數不在話下，曾誤觸過黑道大哥的女人、交往過家喻戶曉的女藝人、富家千金……等，但印象真正深刻的那幾回才值得一提。

那是一位黃曉寧在銘傳擔任助教時所教導的學生，家境富裕的他，全身上下都穿戴著晴光市場[6]買來的舶來品。好比初戀，這是黃曉寧首次認定的一段長期關係，也是第一次有著肌膚之親的對象。在那單純的年代，即便是風流男子也非常在乎「性的責任」，他覺得這位女友是他的責任，他買好東西給他、為了女友好好工作、也把事業重心拉回台北、教導他、愛他。在一起第三年，女友投入別的男藝人懷抱結婚，對他打擊至深。當時歌唱事業蒸蒸日上的他，在朋友的帶領之下，不喝酒的他也在台北夜夜笙歌、日日爛醉，也開啟了他的江湖序曲。

談到江湖闖蕩就不會忘了提起他的十二位結拜兄弟，十二位T，依照年齡分出次序，黃曉寧年歲排第二是二哥。黃曉寧在講述時，手指夾菸，還沒點燃嘴巴就停不下來，喋喋不休地暢談他們傳奇的過往。這群結拜「兄弟」分別在德惠街的酒吧夜店[7]、中山北路的西餐廳、黃曉寧唱歌的 piano bar 結識，一群人也喜歡泡 gay bar，後來也加入了一位gay，稱之為十三妹。他們吃飯打架、舞廳跳舞、訂製西裝、交女友、養女人、飲酒作樂、通宵，一路這樣認真工作、使勁地玩。玩到後來大夥兒也邁入中年，在那年代出生的女人，與男人成家的責任較重，不過十二結拜兄弟都沒有進入婚姻，一路這樣「拉子」[8]到老。雖然也曾討論老後可以住在一塊兒彼此照應，但真的老了之後也都各分東西，經濟條件逐漸不容易，多過著相對簡樸的日子，有的仍在工作，有的相繼過世，有的成了獨居老人。

淡出電視圈移民美國

一九八二年（民國七十一年）三十八歲的黃曉寧移民到美國。家人都先去了，他是最後一個。在台灣十多年的演藝生涯等於暫時畫上句點，走的時候也有些心灰意冷，或是說心灰意冷讓他想一走了之。

雖然他的同志身分鮮少被拿來大作文章，但是在當時華視與他洽談了一個流行音樂節目，製作方故意請他用女性化的方式呈現（其實就是看不起他是個像男人的女人），讓他有些受傷。雖然這些不友善的事情很少發生，但竟發生在電視圈，也讓一直在計畫赴美的他決定了離開的念頭，便逐漸淡出電視圈。拒絕了對同志不友善的製作人並不是他愛面子，他其實是個沒有包袱的藝人，甚至曾應歌迷要求換上裙子表演過，但當自己T的樣貌被拿來羞辱時，仍是非常受挫的。

在美國他開過酒吧，也結過婚，也泡 gay bar，不過相談下來，並沒有如同談論台灣江湖上的風光口吻。

朋友非常多的他經營酒吧十二年，常常有不少台灣名人進出，他們去到ＬＡ就找黃曉寧，到他的酒吧唱唱歌。愛交朋友的他也在美國結識很多朋友，也相戀了一位北京女孩，不過因為簽證問題，必須為他爭取到伴侶權才能讓他以合夥人的方式留在身邊。所以黃曉寧是曾步入同性婚姻的，雖然曲終人散最後還是分開了，但是黃曉寧仍是非常大方地把酒吧一半的資金分給了這位前妻。

美國，彷彿是當時每個台灣人都嚮往的先進國度，崇尚西洋歌的他更是。移居美國三十二年，曾好多年沒有回台灣，近年卻決定回台定居。在二〇一四年回台切除了長達十三公分的腎臟腫瘤，他知道他沒有體力再過著經營酒吧的生活了，回台灣能接觸流行音樂產業也是圓了他思念多年的舊夢，而且無論身體健康或是老友照料，在這都還是會有多點關照與情感歸屬。

人人都想如他一般，一路年少輕狂到老，但是他的一生也是辛苦拼湊成的，從來沒有歇下來，在美國的三十年也是跨行業做過許多不同工作，到了七十多歲仍不停歇地到處表演。黃曉寧的家境在那個年代算是不錯的，小康但不算富裕，仍需要勤儉持家，他總提到他的第一把吉他是母親用半個月的薪水買來的。他剛出去唱歌時除了要買禮物給女友之外，身為姊姊的他也得負擔母親當時高額的醫療費用，好在唱歌的薪水是助教的好多倍，才讓他能替父親分擔家事開銷。從言談之中可以感受到黃曉寧對於親情的重視，他時時刻刻在緬懷父母的恩寵，以及對弟妹們的驕傲。

父母都高壽近百讓他覺得自己可能會活到很老，遊戲了一生，總要找一日開始回頭望望，寫歌、寫生命，繼續歌唱，人生七十才開始。

曉寧老師回顧他的過往，也有過掙扎與摸索。二十來歲時也曾經有動過結婚的念頭，也曾嘗試著與男人去約會看電影，但始終都不成氣候。對方手一伸過去他就覺得不對，對方有追求的感覺他就想逃走，漸漸地，他瞭解到自己內心住著的是一個男人，而他想要的對象是個女人。而對他來說，他的外型也很坦然，很直接地表露出他的性向與認同，他從來都不在衣櫃裡，自自在在的當個 Tomboy。

可惜的是社會並不那麼寬容，他知道自己女性的身分無法給予對方未來，所以如果他的對象到了適婚年齡，他都會放他們去結婚，這是那個世代許多女同志都要面對的社會洪流，至今仍是。所以即便是這樣不缺陪伴的人，內心還是孤獨的，他也覺得這是他的命運，自始至終是一個孤獨者。

他提到他的初戀，國中時的一位女孩，拿著情書對著他喊：「黃曉寧，我愛你！」好青澀好單純，沒有利害關係的情愛，始終讓他動容。還以為那些江湖趣事才令他印象深刻，原來人呀，倒頭來追求的還是簡單樸實。

七十三歲的他，對很多事情還是求知若渴，也在人生經歷了很多劇變之後，重新起航、嘗試各種可能。

二〇一四年他回到台北中山堂開唱，二〇一五年，他在國父紀念館開了演唱會，一身帥氣西裝，一把木吉他，一頂西部帽與經典款墨鏡，在舞台上，搖滾他未滅的青春。

〈後記〉

後記撰文／喀飛

二〇一五年老同小組一大群義工去訪談黃曉寧的時候，沒有人看得出來他身體不好，事後才知道其實已經有些狀況。當天他一樣大口喝酒、香菸一支一支抽著，談笑風生，熱情招呼著大家。他大方談著飛逝的陳年往事、一籮筐的情史。這就是黃曉寧，年輕到老，公開場合到私下聚會，從不掩飾自己是一個喜歡女人的T。

告別式舉行是在二〇一八年秋天，台北二殯的廳堂掛著一幅大大的遺照，黃曉寧戴著牛仔帽、墨鏡，拿著一把吉他，帥氣開朗，彷彿女貓王還吆喝著歡迎老友，動感演唱會即將開唱，閉上眼，黃曉寧已然魅力四射站上舞台。現實裡的謝幕場子，罕見地他不是主秀。許多演藝圈資深藝人到現場送他，看得出黃曉寧的好人緣，雖然他曾經脫離台灣演藝圈一段時日，昔日的光芒至今依然閃爍。滿滿一屋子星光閃閃，包括：和黃曉寧一樣在七〇年代已是家喻戶曉的電視圈大姊大張小燕，早年一起同在美軍俱樂部駐唱、有深厚革命情感的比莉，四、五〇年前就在電視上介紹西洋音樂、也邀請黃曉寧在「青春旋律」節目唱歌的西洋音樂教父余光。

在笑著追憶和淚著不捨這位一代巨星殞落的告別式上，卻讓人覺得現場氛圍有點怪。早在半世紀前就從不掩飾同性戀身分、也不向傳統性別二分的社會價值妥協的黃曉寧，怎麼好像他的性身分被刻意隱藏不提。如果不是黃曉寧的妹妹回憶時說，黃曉寧比較像是他的哥哥；如果不是黃曉寧友人悼念時笑說：自己身邊的女性朋友，黃曉寧都追過，我幾乎有一種錯覺，以為參加的是一位異性戀女子的告別式。那種感覺就像是：你心裡迴盪的是搖滾風格熱情奔騰的演出，看到的伴舞群卻跳著芭蕾舞的舞步。

在生命的最後一里路，黃曉寧如同七十四歲瀟灑一生的作風，不拖泥帶水，作為一位搖滾歌手、一位帥T，自信與坦蕩都是黃曉寧生命中重要的一部分，而送行的人們為何不能光明正大用一位T的身分向他道別？

PS：事後查詢得知，當天主持告別式的牧師來自反同色彩鮮明的教會。

撰文者簡介

湯翊芃

我當 gay 沒多久。

二十歲交了第一個男友，感想是沒有交女友時那樣快樂。

二十二歲時得知男友HIV+，心急如焚，世界崩塌，沒想過要逃離，實也不知如何面對，生命陷入一場沉思。

二十三歲時跟家人出櫃，像是一場光榮革命，沒有流血也沒有抗爭。

二十五歲時赴美結婚，與男友才交往一年，於滿懷衝動的時期宣示了這層法律關係。

二十六歲時在正式出社會後的第一份工作裡出櫃，理解到同志社會生存法則，偶爾需要把坦白當作一把武器、出櫃當作一種技術。

如今二十七歲，配偶提出共同生活的藍圖，這份藍圖對過去的我來說，是渴望已久的夢想實踐，但思如船帆，吹一吹又揚向新的山岳，即便有著伴侶，我仍不想為了構築安妥棲居，停下對於生命的冒險。

還沒賺到什麼錢，職場很努力但爭的不過是那零頭尾數；還沒有什麼成就便踏入這個不夢的歲數了；我沒遇到什麼過大的生活變故，可謂之平凡無奇。

但論及同志生命，總有講不完的故事、數不清的悲喜、辯不白的道德、療不化的矛盾、理不齊的千絲萬縷。在這樣的逆境中存活過來，也就是為什麼同志們值得驕傲吧！

1 從一九五一年到一九六五年，中華民國大約每年自華府得到一億美元的貸款；一九五一年，因中國共產黨勢力擴張引發韓戰，在這背景下第一批的美援物資運往台灣。一九五四年，中華民國與美國簽定《中美共同防禦條約》。美援的內容除包括民生物資與戰略物資之外，也包括基礎建設所需的物資，例如建築道路、橋樑、堤壩、電廠及天然資源的開發等，台中縣（今台中市）德基水庫便是美援貸款之下的產品。另外，美方除實質上的物資援助中華民國之外，各種技術合作與開發亦廣泛的進行，同時，華府亦鼓勵台灣的大學與美國境內的大學進行學術合作與人才交流，更以實際資金來協助中華民國的大學興建校舍。另外，戰後美國對中華民國傾注的大量貸款，解決了當時中華民國外匯資金不足的發展問題。

2 日後黃曉寧回北部駐唱，結識了許多「T」成了結拜兄弟，生處於相對本省族群西化許多的外省社群，活躍於各類美軍及洋人的聚集地，舞廳、俱樂部、酒吧、市集等。無論當時傳唱之出版品到電視傳媒以及學術論文，對於多年後的今天影響層面極為廣泛，故稱之轉捩點並無誇飾。

3 「T」與「婆」指涉台灣女同性戀的兩種主要「性角色」。這兩個指稱浮現於六〇年代的台北，並大與於一九八〇年代中期起「T吧」（「女同性戀酒吧」於當代台灣的通稱）開始大量開張之後。「T」為「Tomboy」的簡稱，源自於「美軍文化」時期的 gay bars 及歌手駐唱的餐廳。

4 校園民歌是台灣的一種音樂風格。七〇年代之前，西洋音樂為台灣青年人喜愛的音樂主流。但一九七二年，當時美國總統尼克森訪問中華人民共和國及一九七八年中華民國與美國斷交後，激發了國內年輕人面對自我文化覺醒，因而觸發台灣青年學子不再高唱西洋音樂，轉而「用自己的語言，創作自己的歌曲」的想法，並喊出「唱自己的歌」的口號，也奠定了華語流行音樂產業在八〇、九〇年代起飛的關鍵。

5 Uncle意指年長的T，為年輕一輩對於長輩T的禮貌稱呼。

6 台灣光復後（約一九五〇年代），隨著美軍進駐，晴光市場除了有美軍俱樂部外，還開設許多西式餐廳、西點麵包店以及酒吧，而最有名的便是琳瑯滿目的舶來精品店，讓這裡成為台北市最早販售舶來精品、也是最具異國風情的商圈。

7 黃曉寧提到當時他們週末都會赴德惠街的美式酒吧喝酒、玩樂。德惠街酒吧商圈也屬於晴光商圈的一環。

8 「拉子」的最早使用與發明是在女同性戀作家邱妙津的《鱷魚手記》一書中，後來普遍成為女同性戀社群內部用來指稱自己的術語之一。拉子一詞出現於黃曉寧與十二兄弟結拜二十餘年後，代表黃曉寧也習得年輕同志社群的用語。

故事3 阿松——不設限的人生，迎向彩虹未來

撰文／莊蕙綺
訪談／莊蕙綺、宜婷、喬伊、可樂
訪談日期／二〇一四年九月二十五日

訪談阿松之前，由於已知即將訪談的對象是個六十七歲的老T，又耳聞他能言善道、古道熱腸，腦海難免勾勒著阿松是否長相粗獷且一頭白髮？待訪談當天見著阿松，穿著海藍色格子襯衫，下半身搭配近乎於白的淺藍色棉質長褲，削著俐落的黑色短髮僅有些許花白，清秀的臉龐、細瘦的身型，實不難想像阿松年輕時的俊秀樣貌。阿松熱情的帶給訪談義工們許多伴手禮，分送糖果的他，說著他於二〇一二年在紐約跟同性伴侶結婚了，這些伴手禮就當做給訪談義工們的喜糖，收下喜糖的我們，無不感到

溫暖與歡欣。益發期待阿松將訴說的生命故事……

不愛穿裙裝，靠能力決定自信裝扮

台灣在一九四九年進入戒嚴時期，出生於民國三十六年（一九四七年）的阿松，成長於政府威權統治、人民噤聲年代，身為家中老么，有兩個姊姊、一個哥哥，父母皆受日本教育，自小被要求「講話不可以太大聲，要輕聲細語」、「走路步伐要輕」、「不可以彎腰駝背」……父母認為女生應該要秀氣，在阿松小時候都會留意及矯正他的儀態。但是阿松從小就不喜歡穿裙子，也不喜歡玩洋娃娃，阿松爸爸有位美國籍船長朋友曾經送一件蓬蓬裙洋裝給阿松穿，他完全沒有穿過；船長的太太巧手縫了一個棕色皮膚的洋娃娃送給阿松，他也從來沒有玩過。

阿松很羨慕哥哥可以穿長褲，還有厚重的大頭鞋，看著男生的衣著打扮，阿松只敢想在心裡，從來沒有跟媽媽說過想要買帥氣挺拔的衣服。七歲那年，爸爸教阿松和家中孩子們游泳，阿松看哥哥可以穿著短褲很羨慕，也想要穿短褲游泳，爸爸認為阿松在運動上有興趣學習，便答應讓阿松穿男生穿的泳褲下水，是阿松深刻的兒時記憶。

高中、大學時期，阿松最喜歡軍訓課，因為可以穿軍訓制服，帥氣地打上領帶。成為社會新鮮人的阿松，在職場上常穿短褲上班，因為做英語翻譯工作，老闆曾經要求阿松跟外國客人會面時要穿裙裝比較有禮貌。但阿松認為自己就是這樣子，不願意做改變，如果穿裙裝上班是老闆要求的條件，那麼他寧願不要這份工作。由於老闆很看重阿松的工作能力，就由著他了，讓阿松樂得穿著乾淨俐落的襯衫、搭配短褲或長褲上班。

由於阿松個性獨立，對事情有獨到見解與想法，爸爸有些事情需要討論或有活動要參加會找阿松一起去，有一次爸爸還對阿松說，「你比哥哥更像是我的兒子」。

孤單又燦爛的初戀往事

阿松直到念大學之前，所讀的學校包括國小都是女生班，讓他感到如魚得水。問及初戀，阿松回憶往事的臉龐神采奕奕，眼中彷彿閃耀著青春的光芒。阿松第一個喜歡的女孩是在初中一年級，對方功課很好、講話輕聲細語、長得清新秀氣。當時阿松還不懂愛是什麼，只覺得好喜歡跟這個同學在一起，雖然座位不在附近，但下課時間兩人總是無話不談。放學後，女孩會牽著腳踏車陪阿松走到附近的公車站牌，陪他等公車，待該搭乘的公車到站，女孩會說「再等一下」、「再等一下」，兩人捨不得分開得一起看著公車到站又駛離，等到女孩覺得該回家了，才會騎著腳踏車離開。阿松會看著女孩騎上腳踏車，迷戀他裙襬迎風飄逸的模樣，在懵懵懂懂的同性情愫中，兩人互動有著淡淡的甜蜜氣息，而這一段純粹、未萌芽的情感卻在阿松與女孩沒能解開的誤解中黯然結束。

未能被覺知的情愫，在女孩淡然對待阿松之後，讓他遭受失戀般的打擊，影響學業而留級到新的班級。當時十四歲的阿松，認為自己既然留級，就不能再想著喜歡的女孩，要有新的開始，得認真用功念書，從哪裡跌倒就從哪裡爬起來，因而在新班級都是前十名，還將英文學得很好，擔任起班上的英文小老師。被阿松認定為是初戀的愛情，也在這個新班級展開，阿松的初戀情人在黑板上寫下「She Love She」（編按：正確的寫法應該是She loves her），表示喜歡的心意。兩人因為準備考高中，常會一起念書，自然而然親密地開始交往。初中畢業時，初戀情人在阿松的畢業紀念冊上寫下滿滿的祝福與心願，說他要做阿松的太太。兩人的初戀直到高中分組，初戀情人念理組、阿松是文組，兩人漸行漸遠情感便淡了。

阿松在初中至高中就讀時期，約莫是民國五十年間，在當時民風純樸保守的台灣社會尚未有普及的同志資訊及資源，生活中根本沒有「同性戀」的概念與詞彙出現，「以前我認為只有我是這樣子，如果以現在，不是喜歡分T或P啊，那個時候我不知道有分這種東西、這個字也沒出現過」。班上同學們則認為女生手勾手是很正常的事，在生活所能觸及都是以異性戀為典範的社會裡，阿松縱使有曖昧、愛戀對象，對方也表現出對他的喜歡，當時仍舊以為只有他自己是這樣子的人，不認為喜歡他的女孩與他相同，「我不特別覺得這樣子的人是特別一類的人，我覺得我是全世界唯一的，不正常的人」。

妙招抗相親，豁達人生不設限

大學畢業後，阿松在工作上投入許多心力，生活忙碌，面對親戚、家人關心他婚事的詢問，阿松總是回以工作忙碌，無暇顧及結婚。直到二十六歲那年，爸爸跟媽媽開始積極的要為阿松介紹婚事。當媽媽對阿松提及婚事，阿松便提出許多婚姻迷思，對媽媽曉以大義，例如，無法確定婚後兩人會適合生活在一起、對方可能有外遇或討小老婆、如果孩子不孝順也不一定能仰賴孩子養老。阿松試圖讓爸爸、媽媽瞭解他不想結婚，也可以獨立生活。但是，爸媽依舊不死心，想方設法安排相親，阿松抵不過媽媽的要求，便答應相親；每次的相親，阿松總是可以成功打發相親對象。

阿松應付相親場合有兩個方法，首先要求雙方家長不要出席，相親時，阿松會帶當時的女友一起去，並且搶先介紹女友是陪同他來吃飯的同學或同事，讓對方知道相親的對象是他，不是他身旁的女性。阿松帶著女友出席相親場合，沒有言語上的公開出櫃，卻已是不言自明的現身行動。飯局結束後，阿松不給對方結帳的機會，一定都拿得到帳單付帳，如此強勢作風，通常會成功的嚇跑相親對象。

進入TO-GET-HER的網路世界，開拓新視野

民國七十年，阿松三十四歲，他已在台灣職場工作了十幾年，有一天在報紙上看到談論「玻璃天花板」的文章，即分析女性在職場上能力再強，卻會因為社會環境對女性能力的抑制或自我設限，而無法再升遷躍進；加上當時在貿易公司的老闆對阿松處處刁難，讓阿松決定到美國找工作，嘗試人生發展的突破。毅然決然到美國的阿松，雖然有英語優勢，但華人當時在美國工作並不是件容易的事，初到美國生活的阿松，

要設法融入社會、工作環境的挑戰、加上思鄉之情，讓他感到很痛苦。

有位同事跟他滿要好，看他生活得辛苦，就跟他說，「我幫你介紹台灣來的朋友啦，他是lesbian！」阿松訝異自己沒有跟同事出櫃，為什麼同事要特別強調。他問道，「蛤~你為什麼要介紹這個？」同事反而跟他說，「啊你不就是嗎？」那時阿松才驚訝的發現，原來有人可以大無畏的說出誰是lesbian；再者，阿松在美國生活時，看到同志相關的文章，終於瞭解自己在世界上不是唯一，也不是不正常的人，尤其美國社會同志社群積極的爭取平等權益，讓阿松開拓了視野。

被同事直接打開櫃子的阿松，認識的朋友來自高雄，認同是T，常跟阿松聊感情狀況。後來跟阿松談到在女同志網站註冊，當時沒有電腦的阿松，完全不知道這些資訊，朋友就跟他介紹很多相關網站，唯一讓阿松印象深刻的是「TOGETHER」，愛拆文解字的阿松，立刻被「TO-GET-HER」的字義吸引。因此朋友介紹的許多網站裡，「TO-GET-HER」是唯一被阿松所記住的，而一打開「TO-GET-HER」網頁，阿松便立刻愛上乾淨清晰的版面，只鍾情於此網站直到關站。

「TO-GET-HER」的前身是一九九六年由一群熟悉網頁程式的女同志所建立的「拉子烘培機」網路論壇。那是網路要用電話撥接的年代，阿松在此時人到美國打拚已近二十年之久，在網路盛行之前的年代，交友空間匱乏，社交平台少，女同志社群很難有認識新朋友的場所和空間。因此當「TO-GET-HER」創辦者在網路出現的初期建立起女同志專屬的網路論壇，隨即引發社群使用熱潮，「TO-GET-HER」盛行時期有許多討論版，也有許多才女在各版發言。二〇〇〇年，阿松在雙性戀版認識了小他二十四歲、已婚的小蘭，兩人聊天話題非常契合。沒有電腦的阿松，常要到朋友家借用電腦，而英文很好的阿松，不會使用電腦的中文打字，但是他覺得很多話語表達要用中文才有意境。因此回覆小蘭的文章，幾乎都是在網頁上選要用的中文字「複製」、「貼上」，很花時間才能完成要說的話；小蘭知道後，很受感動，也很欽佩阿松的用心。

初認識的兩人，對於自己的身分及年紀都未隱瞞，因此阿松雖然跟小蘭有曖昧的情愫，沒有再進一步發展的想法。二〇〇二年，阿松去加拿大旅遊，由小蘭當地陪，兩人才正式見面。

用心相待，共組彩虹家庭

一見如故的兩人，經過幾番波折之後，小蘭決定跟先生離婚，投奔到阿松在紐約的住所。阿松知道小蘭一定很想念分別住在娘家與婆家的兩個孩子，主動提議將孩子接來一起照顧。兩個孩子當時分別是兩歲及三歲，小蘭問及要孩子叫他什麼，阿松認為美國人都會直接叫名字，因此就讓孩子直呼他的名字就好。

阿松對於兩個女兒視如己出，教育絲毫不馬虎，因為兩個孩子是華人，美國的學校規定要上雙語課程，但孩子常因為學校要求的雙語課程，而錯過同時間的正規課程。阿松擔心兩個孩子的學習程度會因此較同齡的孩子慢，而跟老師反應，「孩子英文好，不需再學雙語，請讓他們上正式的課程」。老師表示他的職權不能決定這件事，因此阿松再寫信給校長，校長也表示他們是依教育部的規定做事，阿松於是再寫信到教育部說明兩個孩子的學習狀態。因此由教育部指示，請學校讓兩個孩子考試，英語能力過了便可以不用修雙語課程。後來姊妹倆考試都過了，便可以上正規課程，不僅跟上了同齡孩子學習的進度，也表現得很好。

尤其姊妹倆因為成績優秀，受到明星學校的邀請，在數百人的考試中以前幾名成績高分錄取。小蘭因為這好消息，高興得打電話回台灣，向娘家還有前夫報喜，前夫還請小蘭代為好好感謝阿松，謝謝他將他們的孩子教得那麼好。

二〇一一年紐約州的同性婚姻合法化，阿松向小蘭告知這個好消息時，小蘭原本覺得「結婚這件事，一輩子一次就夠了」，隔年的某天下午兩人在散步的途中，小蘭忽然跟阿松說，「我們現在去登記！」兩人便在阿松六十五歲這一年，在紐約合法登記結婚，共享婚姻的權利義務與法律保障，阿松也能依法正式領養兩個女兒。

跟小蘭共組彩虹家庭讓阿松感到滿足且幸福，雖然兩人相差二十四歲，但是對阿松和小蘭而言，年齡的差距沒有鴻溝，相處的契合、能溝通才是最重要的經營關係之道。孩子在學校的任何學習、跟老師的溝通，阿松都積極參與，他讓學校知道孩子是在女同志家庭裡成長的優秀學生，透過生活的實踐，讓週遭人認識同志家庭，消除社會對同志的偏見。

古道熱腸、對任何事物都用心相待的阿松，生活得認真、知足且精彩，採訪阿松的過程裡，總會不小心跟著阿松所述說的精彩故事，一起掉進回憶時空，無法自拔。阿松成長於身教嚴謹的家庭，經歷孤單的認同歲月，不願困入人生瓶頸的他，毅然決然遠走美國發展，為自己開拓未預料到的嶄新人生和視野。而今年歲近七十的阿松，迎向他的是，閃耀的彩虹人生。

撰文者簡介

莊蕙綺

相信人與萬物的關係存有無限可能，與兩個貓小孩一起生活，方深刻體會跨物種的愛戀與非語言的心領神會。

在熱線迄今當了十二年的義工，所參與的小組隨著年齡增長而有不同階段，二十出頭進入熱線加入的是家庭小組，想理解父母、心懷出不出櫃的掙扎；近三十歲加入了親密關係小組，探索親密關係與情欲流動；過了三十歲，加入老同小組，認知人都將面臨老病死，當無可避免的一刻來臨時，可以如何好好照顧自己、家人或伴侶，可以如何不必隱藏性傾向地被善待。

在老同出版小組訪談的過程裡，感嘆大姊們所處年代同性情欲的無以言說，亦感佩大姊們在情愛欲望裡的闖蕩飄浪，感念大姊們的訴說讓我看見不同世代的生命並產生交織。

期許自己能始終溫柔堅定地做著讓世界越來越好的小事。

故事4　漫漫——期望寄託心靈的愛情

撰文／莊蕙綺

訪談／莊蕙綺、湯翊芃、凱

訪談日期／二〇一六年九月十一日

漫漫，一九四九年生的台日混血兒。媽媽原是日籍的護理人員，先後被派往滿洲和台灣，二戰結束後在台灣東部落地生根，育有四名子女。漫漫身為家中三女，從小學習鋼琴跟舞蹈。

進入女中後，因多才多藝而成為同校女孩的仰慕對象，還有人會在他到校前把早餐送到桌上。正值青春期的漫漫也喜歡女孩，看到籃球場上奔馳著的俊俏女孩時，「眼睛會亮一下」。然而，他不曉得這樣的悸動有什麼意義，就讀女中期間也沒跟女孩談過戀愛。他第一位交往的對象，反而是一名高頭大馬的男人。

據漫漫說，和他交往的男人大他五歲，是運動國手，他讀舞蹈科時認識的。「那個年代認為說這該結婚，那就結婚」，因此，他二十六歲時選擇和男友結婚，兩人在東部成家，育有一男一女。丈夫待他極好，視他如珍寶，從不要求他下廚，為此還特地請專人負責清潔、燒飯。不過，他盡量避免跟丈夫有肌膚之親，總是要等他睡著後才肯上床。無法迴避做愛的時候，就勉為其難地加以配合，丈夫也知道他其實並不樂意。

兩人忙於各自的事業，交集因而更加稀少。漫漫在學校教書，也為參加舞蹈比賽的學生編舞，甚至開了家咖啡店。事業有成，壓力卻也排山倒海而來，使他在某次舞蹈比賽結束後，昏倒送醫。漫漫看似家庭美滿、處於事業巔峰，卻極不快樂。在發現丈夫和別人有染後，立刻要求簽字離婚。這也成為漫漫轉換人生跑道的重大契機。漫漫回憶道，「協議離婚時丈夫哭了，我沒有。（因為）我要過我自己的生活」，反而高興得大肆慶祝一番。對他而言，這意味著解脫和重獲新生。他毅然結束了近二十年的婚姻，離開年僅十來歲的兒女，並同步辦理退休，告別那令他自豪卻也狠狠折磨他的教學工作。

轉換人生跑道

四十六歲渴望自由度日的漫漫，開了一家 gay bar。上門光顧的，竟有不少是從前認識的醫生或律師朋友。那時，他正跟自己聘用的三十多歲女秘書同居。他說女秘書「對我很好，照顧得無微不至」，符合「我想要的那種感覺」。兩人的相處近似伴侶關係，夜裡會摟摟抱抱，卻也僅止於此，但是這已足夠讓漫漫初嘗與女人曖昧的甜美滋味。由於漫漫非常信任女秘書，因此往往將財務交由女秘書處理，甚至連存摺密碼也直接告知。萬萬沒想到，作為枕邊人的女秘書，竟然將漫漫的積蓄全數領走。宛如將初生的雛鳥給活活捏死一般，女秘書狠狠打擊了前不久才下定決心轉換人生跑道的漫漫。何其諷刺，漫漫當初對女秘書的信任有多強，竟代表了他遭背叛時面臨的痛苦有多深。

受到痛擊的漫漫遠走他國，在餐廳工作了一段時日後，才回到台灣。當時他身無分文，被過去的學生安置在淡水，感到心情低落。由於漫漫認為自己尚為壯年，非要養老，再加上不願舊識見到處於潦倒狀態的自己，因此留下「別再找我」的字條，便離開了。

他決定轉往台灣中部，投奔友人。在友人的介紹下，認識了一名三十多歲的女人。初次見面的那晚，那女人便把喝醉的漫漫帶去旅館睡了，兩人就這樣展開十餘年的戀情。漫漫當時在百貨公司的專櫃上班，也和女友一起經營一家小小的咖啡店，不工作時便四處約會、遊玩。

據漫漫說，女友平時待他很好，喝酒以後卻性情大變，常在酒吧跟人起衝突，對漫漫也不留情面，和平時的溫柔表現可謂大相逕庭。此外，女友不僅不事生產，甚至和別人搞曖昧，這讓漫漫對四十六歲的選擇產生了根本性的質疑：「我本來很幸福的家，我幹嘛要把它毀了，出來外面，自己在外面流浪？旁邊的人都會覺得很奇怪。愛本身沒有錯，我要的就是那種要浪漫、要溫柔、要感覺，結果破滅了。」

他對同性之愛的浪漫想像，逐步崩塌。漫漫亟欲分手，卻無處可去，女友也不答應，只好繼續停留在原處受苦。此時，已長大成人、正就讀大學的兒女找到了漫漫，當他們看到媽媽的同居女友如此差勁時，「孩子說：如果你不離開他，我們就不理你了。但我沒辦法離開。」兒女的話說得雖重，漫漫卻也實在無計可施，最終還是等到女友願意放人了，他才搬去和剛當完兵的兒子同住。

寄託心靈的感情

在那之後，另一個三十多歲的女人開始殷勤地追求漫漫。漫漫問，你不知道我幾歲嗎？對方答得清楚，執意要他。漫漫見對方不錯，便答應在一起。新戀情喚起漫漫對愛情的信心。第二任女友是北部的公車司機，因此，女友在交往的頭四年間天天往返於兩地。直到漫漫被調往北部工作後，兩人才同住安頓下來。女友細心，手把手地教漫漫如何搭車，也接送他上下班。女友下班後，就到漫漫工作的專櫃陪他。由於女友認為兩人相處的時間有限，「一天只有一個消夜可以聚在一起吃飯」，因此往往央求漫漫一起去吃消夜。

從前漫漫忙於事業，沒有照顧幼兒的經驗，因而感到遺憾。這使他在女兒生子之時毅然辭職，希望全心在家照護孫子。女友愛屋及烏，也極為疼愛漫漫的孫子，甚至包辦了包尿布的工作。孫子長大後，便親密地喚漫漫女友為「姨婆」。不僅如此，漫漫的兒女和媽媽也非常喜歡他的第二任女友，相處起來十分融洽。然而，在交往邁向第八年時，兩人的年齡差距深深困擾著漫漫。他擔心自己的做愛意願跟體力隨著年齡增長而日漸衰退，如果無法滿足女友的欲望，垂暮之年可能得面臨分手所致的精神折磨。「到了那年齡，他需要的時候，我不想要的話，那怎麼樣？到那時才被離開的話，更糟糕。趁我現在還能承受的時候，就承受」。因此，漫漫決定先行結束這段戀情。但他採取的做法並非直接喊停，而是冷淡對待，漸漸疏離，這可能正好反應了漫漫不捨及猶豫的心情。

一年後，女友提出分手，長達九年的戀情告終。兩人分手時，漫漫的女兒責問他為何不好好把握，兒子也致電詢問前女友分手的原因究竟為何。這點顯示對兒女而言，媽媽的交往對象待他好不好，比什麼都重要；即使伴侶是同性也無妨，只要能善待母親，那麼便沒有不獻上祝福的道理。

伴侶關係雖告結束，但第二任女友仍常來探望漫漫跟他的孫子。對此，前女友的新情人深感不滿。這使得前女友不再拜訪漫漫，也斷絕兩人間的聯繫。後來，漫漫從其他人口中得知，原來前女友的新情人就是以前常常到家中作客的朋友。這讓他有遭背叛的感受，卻無法抵擋對這段舊戀情的深深眷戀。至今，漫漫偶爾還是會傳訊息給前女友，即使對方早已不讀不回。

漫漫說：「感情世界，對我來講，雖然它不是我生命的全部，它（卻）是我心靈上的一個寄託。」愛情是漫漫一生的主旋律，他尋尋覓覓，希望尋得一段合乎理想的伴侶關係。他堅信，兩人的相知相守是愛情的真諦，伴侶是異性或是同性則並非重點，更無關對錯。即使他曾因愛受創，卻仍期待新戀情的降臨。

漫漫要想展開一段新戀情，似乎不是件難事。他有雙大眼，重視穿著打扮，在家接受採訪的穿著也相當合宜，氣質和同年齡的女人相比，則更有一種高雅感。漫漫對於外表也很有自信，例如，他告訴我們，曾有位美容師說，以他的狀況來看，還沒有到要使用美容服務的地步；當身為採訪者的我們問及年齡時，他也掛著燦爛笑容反問：「你們猜我幾歲？」漫漫似乎是藉由巧妙的說話技巧，來增進聽者對其美麗的認可，而這也體現了他對自身的外貌深具信心。

然而，漫漫對外貌的自信卻無法化解他的自我懷疑。他一方面主張「愛是沒有年齡限制的」、「再老也是有人愛」，另一方面卻也坦承年齡是自己最大的致命傷。這些說法的矛盾正意味著，肉體無可避免地衰老這件事實，已經成為籠罩在漫漫心頭的巨大陰影。

只不過，在陰影之下，對愛情的渴望依舊散發出光芒。即使那光芒看起來有點微弱，卻從來沒有熄滅過。

故事5　郭大姊——感情世界裡，做不了飄ノ的性格浪子

撰文／林筱庭

訪談／莊蕙綺、宜婷、佩紋

訪談日期／二〇一五年十二月十二日

農曆年過後不久，老同小組邀請幾位受訪的大姊聚會，最早到的郭大姊專程從員林搭車前來。老同小組成員和幾位大姊熱絡地話家常，後來大家的目光焦點全都集中在戴墨鏡、一身俐落中性打扮的郭大姊身上。如果不說，沒有人會相信這位熟練操作著筆電、正在向大家訴說筆電螢幕黑白老照片故事的郭大姊已年近七十歲。

筆電裡一萬多張老照片，是幾年前他買掃描機自己動手，把數位時代誕生前的相紙照片一張一張變成數位格式。郭大姊講話中氣十足，回顧照片裡的拍攝場景和人物，

我們好像在看精彩的歷史片，距今五十、四十、三十年的場景從時光隧道跳出來。想像著，能在台灣物質匱乏的過去，擁有這麼多張高解析細緻影像的物質條件，郭大姊當年擁有的是少數人才有的富裕環境。

心中難以釋懷的困惑

當我們沉浸在老照片的歷史情懷、忍不住發出驚嘆之際，卻聽到郭大姊說：「我的故事很多，要說很久才講得清楚。經歷這麼多，我只想奉勸各位，如果可以不要，就別走這條路！」

這些話對於努力對抗社會歧視、打拚想要改變同志社會處境的我們來說，一時感到錯愕和意外。幾分鐘前，他的筆電才秀出一張照片，四十五歲的郭大姊帥氣坐在當時市價五十二萬元的哈雷重機上，他才剛回憶，當年第一次騎重機時就摔車斷了兩根肋骨也沒有阻止他後來依然熱愛重機。那個在過去，需要比我們現在有更大勇氣才能對抗社會壓力做自己的郭大姊，為什麼苦口婆心說出這番話？

我們的疑問不論是否找得到答案，都無法阻止這個社會經過同志平權運動努力而已經向前滾動的歷史巨輪，可是郭大姊心中的疑問，卻是他至今仍然無解的生命困惑。

「你真的不要這個家了嗎？」這是二十年前，和他一起創業打拚事業、對他生活照顧無微不至、從他二十歲對方十七歲就一起生活三十年伴侶要離他而去時，郭大姊問對方的一句話。

失去一輩子的伴侶，也失去過去曾經擁有的積蓄。以高齡身分重新起頭，郭大姊現在從事許多人都怕苦的醫院照顧員工作，做的還是最累的夜班。儘管經濟困境沒有打倒他，可是心頭那個沒有答案的困惑，二十年來沒有消失過。

「在一起」：戒嚴時期無所參考的情感經驗

郭大姊已經六十八歲了，與牽扯三十年關係的前女友秀華，恩怨情仇是說不清，太多歷程曲折，三小時的訪談對他來說只是「吐一吐氣」，發洩情緒上的鬱悶：「過去的就都算了，我和秀華一起三十多年，（現在）我連說一句壞話都懶得和他囉唆，也不愛和他勾勾纏，都不用再說那些有的沒的，沒什麼意義嘛，這就是人生啊。」

他與秀華認識時，一九七〇年他才二十歲、秀華十七歲，十大建設還沒開始興建、中日尚未斷交，中華民國也還沒有退出聯合國，台灣經濟正準備起飛，蔣介石尚在總統之位，社會氛圍仍處於國民黨一黨獨大嚴密掌控社會的戒嚴時代。就在那樣的年代，郭大姊開始和前女友「在一起」，這個「在一起」因為沒有任何可能的參照經驗，連是不是明確地說「在一起」都是疑問。

「那個時候感覺看到我的人，都會覺得這個人是男生還是女生，騎車到風化區人家還會把我拉進去裡面，沒有意識到自己是同志。」郭大姊的養父是市民代表，家裡開茶室、旅店，家裡有錢郭大姊又愛玩，在外面走跳多了風格不免霸氣。有一次捧歌星場錢少帶，老闆也不願幫忙讓他簽帳，當場就是翻桌跟人幹架。

郭大姊當時有個男友同仔在台豐汽水工作，對郭大姊很好。「我很愛下棋，他就什麼都玩輸我，酒也喝輸我，也不會開車，我就教他開，到最後他就說正式要追我，我就說好啊讓你追啊，做你的女朋友啊！」

跟同仔「交往」的時候，他氣勢依舊，穿著打扮完全沒改過，一樣是「查埔款」、頭髮削短短。「因為穿褲子比較好工作，也好打架啊！」郭大姊豪邁飄ノ，同仔則是靜靜的跟在旁邊，他下班打牌一打就是好幾個小時，同仔就在車裡等他。

「被黏上」：久了成習慣，習慣成自然

某次牌局，牌友阿霞從中南部帶了三、四個女孩子來，吵著要人請喝茶水。郭大姊那時是熱水器大廠莊頭北的送貨司機，在那個豬肝麵一碗十元、公務員月薪不到七百元的年代，一個月薪水兩千一百元算是非常「好野」，「我常常都說被黏上的。」「我就載他們到處去玩，打保齡球啦幹什麼的，反正就到處去。」四處瞎混一口氣玩了三、四天。

玩累了就回他位在九條通的房子，「我睡三樓，那邊有兩個房間，他跟我一起住，要回去的時候居然在哭，說不想回去。看他在哭我也很捨不得，就說『不要哭、不要哭』想辦法安慰，然後在他額頭親一下說，『你就乖乖回去，想上來（台北）再上來就好了。』當時他還不知道我有男友，反正也沒（發生）什麼，他也就乖乖回去了。

「不到一星期，他居然跑上來，只有他一個人。都上來找我了總是要讓他住啊，就叫他在台北找工作，他說什麼都不會只會念書。我氣得罵他：『什麼都不會，那你要怎麼生活？』不然這樣子，我就拿三千元給他先當生活費，去學打字，要多少錢不知道，至少三千元也夠買一台打字機。」

說巧不巧，莊頭北工廠內剛好缺一名會計人員，郭大姊介紹秀華到場裡幫忙記帳、收零錢，帳款整理好後再交給另一名有牌的會計師處理。「有份工作也要有個地方住，所以就變成住在我家。我男友約我出去，他也要跟我們出去，同仔也沒說不讓他跟啦，他不管什麼時候都黏我緊緊的。

「就很自然啦，變成他住在我家，跟我睡在一起。他身體不好，不管任何時間都是冷冰冰，冬天的時候自己睡不暖，就會一直叫我去睡，要幫他取暖他才睡得著，每天都是在我胳臂下睡覺，我沒去他就睡不著，無形中我也養成習慣，晚上工作趕快做一做，趕緊來睡覺。」

久而久之，身邊沒他反而不習慣，「兩個人無形中就在一起，我跟他在一起，我感覺我很愉快。什麼事情都可以說，什麼話都可以談，天塌下來都可以講，我們常常講到半夜一兩點，聊到不用睡覺、笑得很開心。」

那一晚，情愫滋生，彼此心照不宣的默契

秀華睡覺習慣穿著內衣，郭大姊卻是從不穿內衣的人。以前的內衣是以白布簡單縫紉，沒有柔襯也沒有彈性，穿起來其實很緊繃。某次睡前，郭大姊硬是要秀華嘗試脫掉內衣再睡，兩個人在房裡追逐，嬉笑打鬧，情愫慢慢滋生。脫掉內衣的那一晚，兩人做了愛，也彼此有了心照不宣的默契。

相對的，跟同仔在一起時爭吵越來越多，郭大姊常感到不耐，對性要求更是難以忍受，「中間感覺又沒有什麼，一點意思都沒有，就像木偶人隨他來操控而已。」但是跟秀華完全不是這麼一回事，那是一種發自內心的自豪感，「感覺他也很快樂，我也很快樂，做愛這事情感覺是很愉快的。」

秀華不愛出門，在郭大姊眼裡，是個膽小、文靜溫順的戀家女生，若能在家窩，他可以待上一整天。郭大姊不一樣，沒事就愛騎橘色老偉士牌趴趴走，秀華為跟著他，總帶上一支雨傘、一本漫畫，靜靜地陪在郭大姊旁邊，隨他去哪就去哪。兩人幾乎走遍各地觀光區，有什麼好吃的都吃遍了。

每隔兩週，郭大姊會載秀華回南投老家，從台北先騎回新竹郭大姊老家，洗個澡整頓一番後，才繼續騎到草屯，單程至少花四小時。「他媽媽也對我很好，如果知道我要下去的那個星期，絕對殺雞，兩隻雞腿都留給我吃。」

郭大姊很會賺錢也愛拚，不服輸的個性不願示弱，送貨時要爬樓梯，他堅持「查埔一趟、我一趟」，一天最多可以送到一百二十多台熱水器，最少也有八十台。賺來的錢，他都交給秀華管，兩人從什麼都沒有，到後來買了兩間房，一間南投、一間台中，還有四百坪農地跟一台速霸陸。

「我要出門，叫他不用起來，他也是絕對會起來先弄個早餐給我，抱抱我，才讓我出去。反正那種甜蜜不是、不是、不是……就是有這份甜蜜才有辦法把我們黏在一起，沒有這份甜蜜就無法把我們黏在一起。」

兩人同心，從無到有，甚至幫忙撫養秀華小弟離婚後留下的侄女，「我不知道我到底有多少錢，只知道我很會賺。」經濟能力是他們最好後盾，雙方父母雖隱約知道這段關係，嘴上頗有微詞，卻也無從插手。

侄女抱來養時是六個月大，喚郭大姊作「富媽媽」、秀華叫「小媽媽」，小學二、三年級過了戶口，一直養到成年二十一歲。侄女多半都是秀華帶，除非遇到解決不了的事情，郭大姊才會以「嚴母」角色出馬，「這個小孩很怕我，但我不曾打小孩，我就是把他抓去關廁所。」只有唯一一次，是侄女十六歲要跟男友離家出走，郭大姊氣得拿高爾夫球桿來打。

從二十歲到五十歲這三十年，他人生最精華的時期都與秀華在一起。他們既是生活伴侶，也是工作上一起白手起家的事業夥伴。除了莊頭北送貨司機，後來還開過鞋工廠、搞過建築蓋房子，也到過中國做生意。沒想到，後來與秀華分開的時候，郭大姊名下只剩一台速霸陸以及負債七、八百萬。

秀華的第一個「男友」

長時間的伴侶關係，是相互依賴也是互相扶持，或者也可以說是相互折磨、妥協。「分手」二字，談何容易？即便秀華曾三次與男人另有關係，在封閉的年代裡，未曾有典範參考的伴侶關係，愛面子、個性念舊的郭大姊，也只能把情緒往肚內吞。

「他第一次有男朋友的時候，我也認為我要放棄、要讓給他，但他那個男朋友不要，回答我說：『交一個女朋友就要娶他，那我不是一拖拉庫？』這話我當然不敢跟他說。」他姓游，跟秀華在旅社裡被郭大姊找到，郭大姊當下不想打草驚蛇，一路跟車看著他們。

他氣不過，這輩子就那麼一次衝上去賞秀華一巴掌，「那時候不是要分手，只是自己很生氣，給自己一種發洩，是給我當面看到欸。」「他們的車被我找到，那裡附近就那間旅社，我就在樓下等，等到兩個從旅社下來，游男開車、他騎摩托車，停在路邊還一直說話，我等很久等到一肚子火，我跑去旁邊跟他們說，這樣不會太久嗎？」

當然生氣、憤怒、難過，「那時候我就想放手，什麼都要留給他，車我也不要。」當下他轉頭就要走，秀華拉著衣服一直哭求，「我這個人就不怕人罵，你越罵我越不信你，我最怕人軟，一軟喔，要……要說什麼才好？好啦，難過就難過，時間過了就麻痺了。」

如此難堪處境，甚至找不到人可以訴說，即使想找旁人傾訴也開不了口，只能三不五時到朋友家閒聊瞎扯，抒發情緒。豈料，引起秀華疑心，「他那時以為我在裡面做那件事情，回家我也不跟他解釋，做做做，你都在做了我為什麼不敢做？」氣話終歸只是氣話，當秀華為此以死相逼，郭大姊便不再往友人家去。

感情世界裡做不了瀟灑飄ノ的性格浪子

郭大姊的親姊守寡多年，生了三個小孩，一直想把小兒子過繼給他。「那時候我們到屏東去玩，侄子當然一起帶去，他就像我的小孩啊，他那時候差不多要三十歲。」當晚酒過三巡，他躺在三樓，納悶秀華怎麼一直沒上來睡，走下二樓門一開，竟見著侄子跟秀華身軀交疊纏綿。

他從來無法想像事情會發生，更不用說親眼目睹。秀華和侄兒差了十多歲，讓他幾乎無從反應，回過神來時，他已經駕車從屏東開回南投草屯，「只花了一小時四十五分鐘，那時候我想說，撞死好了、撞死就好了，真的是不要命地開。」他還記得，那天下著毛毛雨。

沒隔多久，秀華和侄兒也回到南投，一進門跪著向郭大姊道歉，「我能怎麼樣？你說，我能怎麼樣？所以啊，那一層一層……我不會說，從那時候開始，我變得很愛喝酒。」偷情已不見容於傳統禮教，更難堪的是踩到「亂倫」的道德紅線，他得面對家族其他成員的眼光與壓力，即使如此也不願怨懟，甚至替秀華向親姊說情，「銅板沒有兩個丟不響，秀華如果要，你兒子沒有，兩個怎麼會響。」最好的親姊為此氣到再不往來。

「我姊姊對我很心寒，他說：『男追女如隔山，女追男如隔紗，這道理你不知道？』我怎麼不知道，不然我還能怎麼樣？跟秀華分手嗎？那時候我們已經在一起差不多二十年有了。」回憶帶著一絲苦澀，語尾隱隱顫抖。

甜蜜有過，只是回憶起來全成了酸澀，真心換來的終究只有絕情。「中間當然也是有人在追他，我們也曾為了這件事吵架。」「現在他變成不愛我愛別人，痛苦的是我自己而已，人家很快活，不是這樣嗎？他很開心的在過啊，是我自己在痛苦啊，你還能怎樣？」在感情世界裡，他做不了那位自認做事果決、瀟灑飄ノ的性格浪子。

郭大姊出生在嘉義，母親先前一連生了四個女孩，他出生時，父親發現又是女嬰，原要將他抱去八掌溪丟棄，養母不忍心才抱回撫養。養父是嘉義市的市民代表，開茶室、酒廳、旅社、招待所，專做美軍生意，在地方上很有勢力，直接抱著他到戶政事務所登記是「親生」；養母則是細姨，遲遲未孕，另外抱了一個男孩回家續香火。

他回憶，從前嘉義老時代最有名的兩間酒家都是養父開的，有錢有勢，養父疼愛他，每每給他十元當零用。那時鄰居小孩只吃得起一碗兩角的碗粿零嘴，「那時我很有錢啊，有錢又愛玩，都當孩子王。」「常常去廟口，看誰不順眼就跟誰吵架、打架，整群全都聽我的，因為我就是有錢啊，到最後買東西給他們吃。」

從小就不是聽話的乖乖牌，養父母曾試著管教，「但要求我都沒在聽，要我讀書，我也不讀。我媽如果要我睡，我就枕頭放著，棉被假裝蓋，裝睡。以前都是木板屋，木門底下有一截洞，我就把門撬開，晚上鑽出去玩樂。反正我有錢，要怎麼玩樂都可以，看電影也不用錢，那都是我爸爸開的。」「什麼成人電影，我從小看到長大，我們家就開旅社，也都是木頭蓋的，我都知道哪一間有洞要偷看哪裡。」

除非在校不得不穿裙，平日都穿著褲子四處跑，「因為穿褲子比較好工作，好吵架、打架啊。」相形之下「哥哥」就文靜許多，「我從小算起來比較霸氣，哥哥比較娘。」與同仔交往時，他也嫌同仔沒有他這款氣魄。

備受寵溺的理想童年停格在十二、三歲，養父去世、養母改嫁，只好將他「還給」生母。生父重男輕女，四個親姊年紀又與他相差大，雖有血緣關係反倒像外人，即使想融入家庭卻深感無力。小學畢業後隨二姊夫到高雄工作數年，「家」對於他，只剩下逢年過節的印象。

嘉義、高雄、台北，郭大姊都有過「家」，但都不真正屬於他，只有南投、台中那兩間與秀華一起打拚的房子才是，或許也是因此，即使秀華多次與男人另有關係，他也沒想過分手。「這中間還有跟別人啦，但他的選擇都還是一直、一直在對這個家付出啊。」

堅持到最後，「家」只剩下自己

最後一次，秀華交往一個小十二歲的男友「阿喜」。「那時候我一心一意想去中國做事，看鞋子工廠有什麼生意可以做？幾乎每年都會去兩、三趟，日子一久他在台灣認識一個男朋友。」兩人「交往」兩年多他才知道這件事，又過一年，秀華要求讓阿喜到家裡住。

阿喜沒有工作，卻愛喝酒、愛打牌，不時要秀華拿錢出來開雜貨店，三人在屋簷下同住了半年餘，衝突日漸加劇。某年除夕夜圍爐後，阿喜又找秀華出門打牌到半夜三、四點，隔天睡醒又要出門賭，「我聽到，實在是一肚子火。」再也不想見他們。

接下來多天，郭大姊也真的沒見著秀華與阿喜，只發現秀華留下一張白紙，簡略寫著收支狀況：現金、股票、銀行借款各多少，他才打電話問：「三、四天怎麼沒看見你們，人在哪裡？」才知道他們搬出去了，在外面租房子了。堅持到最後，以為的「家」竟只剩下自己。

衝擊之強烈，讓整個人幾乎變成是行屍走肉。「難道真的要殺死他？那不需要。知道的時候我躺在沙發，電燈也沒開，所有事物都黑漆漆，也不知道到第幾天。」慣常由秀華負責煮飯，現在人不在，郭大姊甚至也忘了餓，「有個下午他買便當回來，我就說：『你既然都和丈夫搬出去了，也不需要再做這種動作了，你再做這個動作有什麼意義？要去就去得乾脆一點。』我趕他，那一次趕完他就沒有再回來了。」

過去財務交給秀華處理，走之前清單幾筆交代錢財流向，算一算竟只剩負債，兩間房子後來也被銀行法拍。分手十幾年後，三、四年前談到還是會哭，憶起從前在工廠附近租房，一張小小單人床、兩人擠在上頭。「我這個人是自己放不下，就心裡會難過啦，不會去怨嘆什麼。我跟你說啦，一張床很小的時候，感情若好還會嫌大，感情若不好，一張床很大張也會嫌太小。」

人走了，日子還是得過

淚乾了，心死了，日子還是要過。郭大姊連自己洗衣服都不會，一件毛衣洗到全脫線，修理水電什麼的更不用說，自嘲是家務白痴，生活全部重新學起。說著說著，聽似雲淡風輕的嗓音，帶著點嘲諷，似乎在嘲笑自己傻。

他與秀華分手是一九九八年，台灣入口搜尋網站奇摩站成立剛滿一週年，同年七月推出聊天室服務，彼時網路快速發展，同志資訊如雨後春筍般冒出。「那時候有個同志聊天室，身邊有錢又有車，就南北二路這樣去認識。」

在網路的虛擬世界，用那台速霸陸取網路暱稱作「ＳＡＡＢ」，他彷彿又能變回以前那名瀟灑飄ノ的性格浪子，也差不多是那時候，才漸漸瞭解何謂女同志，並且對自我身分認同更加肯定。「為什麼會做Ｔ？就是個性比較霸氣啦，有時候我也有點大男人主義。」雖然也曾試著再進入一段關係，但始終沒有遇到合得來的。

十多年來，郭大姊心裡一直想著東山再起，然而大環境不景氣，再怎麼拚仍不像從前那麼好賺，還在網路上遇到一名騙子，被騙走一百萬元。後來他考到「照顧服務員」證照，住在台北一名老奶奶家裡，互相陪伴，也算有個住所歸屬。

「我是有過一段很甜蜜、有真正的家人、親人的過程之後才轉變的，是五十歲以後才開始普攏頁。」「所以我才想說你們現在這些年輕人，日子還很長，是要走到何時才會老啦？」這句話他像是在問自己，過去感情那樣轟轟烈烈，三十年以為會是一輩子那麼久，沒到最後還真的是不知道它的結局。

撰文者簡介

林筱庭

一九八六年生，高雄人，媒體逃兵，文字工作者，曾獲「二〇一二亞洲出版協會卓越新聞獎」（SOPA）。淡江大學財務金融學系，台灣大學法律學分班。擅長寫硬邦邦的財經與醫療議題，最愛的卻是人物故事。

故事6　途靜——一生路途，只求安穩平靜

撰文／陳怡茹（小嗨）
訪談／小嗨、同、喀飛
訪談日期／二〇一五年十二月七日

「我們家到了二十歲，我媽都會給我們弄一個命盤，那個算命先生就直接跟我媽媽說，啊這個齣，女命男用啦，你就不用逼他結婚了，將來你也可以靠他。」

一九五三年（民國四十二年），途靜在還沒有雪隧的宜蘭出生，在他出生八年前，爸爸跟著國民黨政府第一批來台[1]，媽媽受日本高等教育長大，在六十年前的台灣社會裡，媽媽不打不罵孩子格外顯得開明自由。

「小學就知道自己喜歡女生，可是沒有去想那麼多。」天真浪漫的時刻沒有去為

這樣的感受多做解釋，念初中，開始寫信給女生，也有女生開始跟他示好，但戀愛的花苞，直到高中到台北念書才開花。

途靜高中開始交了女朋友，在學校身為風雲人物，受歡迎的程度，收到紙條是家常便飯，週末看電影吃東西約會亦是平常。宿舍到夜晚總會有人主動到他的床上報到睡覺，直到舍監拿著手電筒照著棉被下的曖昧春光：「下來，回你的房間。」女人間的爭風吃醋免不了，在福利社打架互毆宣示主權更是必須，但是途靜說他怕惹事情，一個要維持成績優異形象的好寶寶，對於交往的女朋友，「我都鼓勵他們結婚。」

至於怎麼嗅到同類的？他說，「是不是看穿衣服就知道，因為我們學校一定要穿裙子來上課，下課後恨不得趕快把裙子換起來。」那些穿褲的，就這樣你知我知，心照不宣地，在台前成為迷妹們眾所注目的焦點，在幕後將愛情流竄於青春校園的每個角落。

不要那條線的女人叫做T

出了社會，在西門町武昌街，有整排做西裝的店，聚集了一群不要壓「那條線」的女人，師傅會告訴他們說：「啊做西裝就要拉這一條，畢竟你還是有胸部，這邊是不是要開這條線，不然就沒有那個曲線啊。」

每一個會要求老闆不要用那條線的，像是講好似的要說一樣的台詞：「我們就是要平平的。」

他們很忙，武昌街訂完不要壓胸線的西裝，還要再專程跑去廈門街訂做合腳的男樣靴子。

途靜說有人告訴他國外講這叫 Tomboy，說他就是，他只曉得那群人都把衣服紮進西裝褲，皮帶束得緊緊的，掛上好大一串的鑰匙與高級皮套的 BB call，騎著野狼一二五的檔車，在旁邊看呀看的，越看，他就越肯定自己是T（Tomboy 的簡稱）了。

他說起現在的T，好似嫉妒或羨慕，有隨處可買的中性衣服褲子穿，連女鞋都可以做得很中性，「那時候根本買不到啊！什麼都要訂做，想說找個衣服怎麼困難，後來看到女生的男裝店出來，真是幸福得不得了！」

曾經他問過那些長得漂亮的小T：「為什麼要當T啊？當女生多漂亮。」T們彼此間也會笑說：「是不是我們太醜了所以才要當T啊？」，若遇到剛出道的小T，他也會記得問對方：「你確定你是嗎？」

還沒有 T bar 之前的日子

T的省籍之分，台灣掛的多在北投、三重、延平北路與台北橋一帶。屬外省掛的途靜說當時在台北的家就像是最早的 T bar，在忠孝東路四段二一六巷跟朋友租了一個大房子，三房一廳，二十幾歲下班後的年少輕狂，都在這裡發生。

「我快二十六、七歲，三十五、六年前，那時候我們家客廳就是 T bar，幾乎沒有人不知道說我們家就是 T bar。所有在路上認識的T，都統統來我們家，那時候週六、日還要上班嘛，下班後我們家就是都開大桌吃飯，啤酒一上來都整箱。」

這裡路上撿來的人，包含新加坡的、泰國來的，朋友牽線一個帶一個，尤其泰國的T不少。在路上嗅到你跟我是同類的味道，就一起帶回家吃頓飯，那是種識別，是種你懂我懂不需言語的認證。

「然後喝一喝，看想要誰，想要睡哪個房間都沒關係。」以前沒有網路、BBS、拉板、交友app，在還沒有T bar的年代，會發展關係的都是身邊的人，一個拉一個，朋友介紹、公司同事，交往過的對象很巧都是異性戀，近水樓台先得月，或是日久總能生情的吧。

巷弄間的同類酒吧

一九七三年（民國六十二年）起，美軍撤離越南，在台美軍雖大量減少，留下的酒吧文化[2]讓中山區這一帶更加豔麗，在撫順街、錦州街、林森北路的條通、民生東路口一帶，有著各式八大行業與地下舞廳。三十幾歲的途靜每天下班後就是跟同類們一起前往新生北路長春路口的gay bar「情人橋」。

他說起東光戲院[3]巷子裡的那兩家共生又各自為營的gay bar與T bar，兩間店廁所相通，入口處卻不同，要從不同巷子各自進入。

「我頭一次人家帶我進去，我說：『蛤？這是迷宮嗎？』巷子裡車子都進不去，只有人可以走進去而已。你自己找不到門路，要有人帶你進去，很好玩。」

在bar裡與不認識的女子聊天，無緣無故就被人砸了一個頭，他笑說是因為自己跑得太慢了阿。酒一下肚，爭風吃醋的T們就開始互毆對方了，這樣的例子，直到他成為uncle（老T）之後，依舊不斷上演，有小T因為同樣原因把他的車給砸了再來賠不是。

現今以年輕族群為首的夜生活，對途靜來說也都遙遠了，三十幾年的時代差距，讓他對著我說：「我們的年紀現在根本都沒有一個好玩的地方比較適合我們去。」

與條通酒店小姐的宵夜時光

途靜開始接觸酒吧後，租房在五條通[4]底，隔壁房都是特種行業的小姐，櫃姐、酒店小姐，有走日本線的，也有台式酒店的。

「我們就去捧他們的場，去那邊陪他們上班。」小姐一個牽著一個跟T約會。那時有家著名高級飯店，是有錢少爺在玩的地方，整棟裡面吃喝嫖賭都有，樓上有飯店駐唱，一樓是咖啡館，晚上的咖啡館其實沒有人，但是高級飯店的咖啡館照規定得隨時開著。

「忽然間那裡晚上的生意好得不得了！」因為他們的邀約，所有的小姐下班就跟他們約在那邊，一樓咖啡館成為T們等小姐下班，跟小姐約會吃宵夜的地方。

T們正跟小姐們肩並著肩，手摟著腰，偎身纏綿，忽然聽到一聲大喊「蛤！總經理怎麼來了！」如做虧心事被抓包一樣，瞬間他們手臂抽離腰際，十指交扣的迅速分離，T跟T坐一桌，小姐跟小姐坐一桌，全場沒人說話。

老闆對著在場的T們說：「難怪我的小姐最近都無心上班！原來下班後，全部都跟你們在一起，對客人都很敷衍啊。」

途靜自豪地接著說：「有阿兵哥休假來玩的，還把我們叫出去說要打我們誒，因為他說為什麼一群小姐都在我們這邊。」那時候的紅牌小姐幾乎都跟T在一起呢，可卻如高中時期的愛戀一樣，只能做，不能說。

T的各種五斗米折腰

途靜總說：「不要丟T的臉，要自愛。」自己沒本事，就要去給人養，難怪有人聽到T就嘖，這樣會被看不起啦。

那時巷子口開了間西餐廳，某個T朋友去應徵餐廳駐唱歌手，邊彈邊唱，電子琴是架在檯子上的，老闆說要來上班就得穿長裙。天哪，要一個T穿長裙，真要他的命。

他穿著長褲硬著頭皮去跟老闆討價還價，為了不穿長裙，說自己是小兒麻痺，剛好他的腳非常瘦，還自己主動將褲子掀起給老闆看：「我那個腳不能有風灌進去，因為我是小兒麻痺。」幸運地蒙騙過關，雖然老闆有點不情願最後還是說了好啦。途靜說，大家都笑他，很好笑，為了不穿裙子說自己是小兒麻痺，每天只要到餐廳上班，就要開始變成一拐一拐的，不然工作就沒了。

還有一個小T，他的媽媽也是T，爸爸是大地主，「因為我爸有錢，我媽才有錢，所以我媽不能離開，不然他哪有錢去去外面把女人。」爸爸雖然很凶，但是媽媽就是會忍耐忍受。

「所以如果剛好碰到一個經濟能力比較好的，自然而然好像的就是吃軟飯被包養。」身為T，那時候螢光幕上的也只有孔二小姐[5]與黃曉寧吧，大多的T是在餐廳廚房做人家助手、臨時工，或是做些沒人願意做的工作，如吹西索米的幫忙送葬。

有的T為工作說謊，有的T用結婚拿男人錢，有的T靠女人包養，有的T黑暗見不得光，每個人都在這個世界中，試圖找到能夠生存下去的方式。

為家人正常地活著

「我常常說噢，人家認為你不正常，是因為你給人家感覺你不正常。」

途靜某任交往七年後分開的「大禮」，是被威脅要公開（同志）身分給他的家人，那些還留在前女友的家當，全部被搬到大姊家去，裡頭還有他量身訂做的西裝、靴子。

大姊沒對那些衣物說些什麼，倒是對著途靜罵：「你自己生活上如果是不正常，不要想把東西放我這裡就可以住我這裡！」

途靜學乖了，與現任伴侶已交往二十三年，家人都知道，侄輩稱呼他的伴侶為阿姨，這個阿姨跟途靜一起買房子，住在一起，是一起開店的合夥人。

他分享多年來的伴侶心得，「你們兩個不好的一面不要讓第三者看到，家裡就不會認為說你們這種關係是不好的，就是明知道但是也不會去戳破。」努力維持姊姊口中的「正常」，努力做事把自己活得很好，為了不影響家人，為了不要讓人看不起，即便收到黃曉寧演唱會的票都不去。

至今途靜每個禮拜都會和家人碰面，他說：「你只要讓家裡很安心，家裡就不會去逼你嘛，對不對。你要有自己的工作，自己有辦法把自己活得很好，就像我，我也覺得我很幸運啊。」

幸運來自於二十歲的命盤，讓途靜的媽媽與姊姊們從來不會去要求他結婚。

因「還好」成就的安穩人生

途靜很少再觸碰新的圈內成員，現在身旁的朋友都是那些認識二、三十年前的老T，關於過去酒吧宵夜時代的青春美好，現也擔心因過多曝光影響生計，都留在回憶裡了。

六十幾年下來的生活點點滴滴，太多了。故事要說怎麼都說不完，他順手敲著三十幾年來每日與他勤奮工作的腰背，邊笑著說自己真的有點年紀了，不忘提醒還是要自己好好保養。

店面位處台北市的精華天龍地段，這幾年都更盛行，不斷有建設公司來收購蓋大樓，或再轉手賣給其他公司，隔壁鄰居問說：「幹嘛要改建，這樣我們要搬去哪裡？」前面一塊全拆了，等了十幾二十年，到現在什麼都沒有，沒人知道會放到什麼時候，擔心糾紛、擔心建設公司沒錢只蓋到一半。

對面的租金已經翻了又翻，他說了幾次還好，「還好房東沒有漲過我們房租」、「還好房東有錢不在乎」，很多的還好造就了此刻的幸運，但又有誰知道下一刻若沒有了這些還好又該何去何從？現在年紀也到了，只求能夠安安穩穩的，也就好了。

〈後記〉

途靜注重隱私，要我們別將他的職業說出，卻同意接受訪問，在歡笑幽默中講了很多那個年代其他人的故事。關於說自己，那邊一點，這邊再一點點，故事透過我隔著三十六年的距離去拼湊撰寫，其實也只是那漫長生命中的濃縮片段罷了。

願在每一波時代浪潮侵襲下，我們都能找到各自舒服安身立命的生存方式，如他，如你，如我。

撰文者簡介

陳怡茹（小嗨）

一九八九年出生，二〇一〇年誤入歧途（XD）進到熱線當義工直到現在。女雙性戀、Freegan、出租自己、討厭資本主義（但其實我念商學院）、對於社會上眾多的不公義還不想妥協；努力用自己的方法活下去，是為了不讓自己成為自己討厭的人；樂於分享自己的故事，也喜歡聽別人的故事；書寫演講與走上街頭，是希望能打破資源與權力的分配不均，但時常覺得力不從心。

進熱線教育小組之後蒐集到各種不同的生命故事，所以陸續參加了其他小組，為了盡可能聽見每個人生命的真實樣貌。

加入老同小組做訪談，讓我能聽到更多久遠的故事，關於那些在我出生前就發生的世界。除了Google之外，還能夠透過採訪回溯過去時代洪流衝擊下存留的他們，實在是件幸運的事。

而我與途靜相隔三十六年的人生，因為同志身分的連結，讓我得以搭上時光機穿過這三十六年的距離，感受那個時代下真實存在生命的欣喜與絕望，盡可能紀錄這些可能被遺忘的一切。

我們都希望自己能在這個世界上留下什麼的吧，至少我是這樣想的。

1 一九四五年（日昭和二十年、民國三十四年），日本昭和天皇發布終戰詔書，蔣介石代表同盟國軍事接管台灣，並於同年十月二十五日訂為台灣光復紀念日，派大批國軍陸續來到台灣。

2 一九七三年，越南共和國（南越）、美國、越南民主共和國（北越）及「越南南方民族解放陣線」（又稱越共）在巴黎簽訂「巴黎和平協約」，協議目的是停止越南戰爭，謀求和平。此協議終止了美國的直接參戰。越戰期間，美國以台灣為美軍的後勤中心，由台灣提供軍事基地、補給站、裝備修護，並在台灣設立官兵度假中心，台北首當其衝，以中山北路三段美軍福利中心為據點，色情行業應運而生，酒吧的盛況空前，成了美國大兵的軍中樂園。

3 一九八五年，位於台北市林森北路錦州街口的東光百貨開幕，當時號稱是亞洲最大的百貨公司，百貨公司內設有黎明戲院。東光百貨在一九九五年結束營業，黎明戲院則更名為東光大戲院繼續營運至二〇〇一年。

4 五條通：靠近中山北路一側，是中山北路一段八十三巷，往新生北路一側，則是林森北路八十五巷。

5 孔令俊，又名孔令偉，人稱孔二小姐，孔祥熙與宋靄齡之次女。曾任圓山大飯店經理。以其在蔣宋美齡身邊的特殊地位，及長期的男性裝束而著稱。終身未婚。

故事7 紀餘——在人生下半場開啟無限可能的篇章

撰文／黃靖雯
訪談／黃靖雯、同
訪談日期／二〇一八年九月二十六日

這個故事平凡如你我身邊的日常，卻很不一樣。有別於自幼就有線索覺察自己性向的「T」，他們有著女性化外表與氣質，愛戀著中性或陰柔的女人，需要經歷一些探索和機緣，才有機會知道自己真正所愛。他和伴侶街上同行說笑的樣子，讓我們覺得和一般要好的歐巴桑或姊妹淘沒兩樣，但回了家進了房，他們是肌膚相親的同性愛侶。他們不知道T bar或Les bar的存在，也不以T婆角色定位自己，經歷了一九九〇年代興起的女性主義運動、出現「不分」的論述後，他們看看自己和伴侶，覺得或許

「不分」更為合適。

與異性結婚在那個年代不是一種「選擇」，而是一種必然的宿命。這是時代無奈的眼淚，他們在傳統女性家庭責任和同性伴侶間的煎熬，背負更多道德譴責的苦楚，而非兩面討好的餘裕。只有當兒女成長離巢了，他們才得以卸下家庭責任的重擔，展開人生的下半場，和時間賽跑去追尋真正的自己。紀餘就是這樣一個時代女性的縮影，這不僅是他的故事，也是許多進入異性婚姻的中老年女同志的世代風貌。

在父權社會中被束縛

紀餘在戒嚴的一九五五年出生，對同性戀噤聲的社會氛圍中成長。在他求學的年代不僅沒有言論自由，也看不見「同志」，但那不代表不存在。經歷五十歲後的探索成長，才想起國中時期是男女分班，坐在後面的兩位女同學很要好，有一次他們兩位都感冒，同學之間就在討論他們是誰傳染給誰——因為他們承認用同一個杯子，這是他最早能回憶到的、對「同志」的印象。

他出生在一個父親上班、母親是主婦的樸實家庭，從小想學什麼，父親總說：「不用，反正長大就嫁人了。」中學時，他一度氣不過反問父親：「那以後這個人嫁了就死掉了、不見了，是不是？」母親在一旁尷尬地打圓場：「女孩子以後就嫁人、生孩子、做家事，也無法做什麼。」這樣的勸說當時的他氣不過，卻仍被這父權家庭的想法悠悠綁架了數十年青春。

他是台灣第一批接受九年國民義務教育的學生，之後得以靠實力競爭大學聯考。憑著高中時自成一格的讀書方法，他進了頂尖學府，成了當時平凡家庭少數有機會接受大學高等教育的菁英女性。大學期間曾和年紀比自己小的男友交往，因個性因素分手。大學畢業之後，到公家機關工作。但當時一來薪水不多，二來總覺得單身生活只是暫時的，下一個人生階段是「結婚」，租屋或生活都將就，沒有好好安排自己的生活，過得很不如意。他看著自己的學姊、同事們常常因結婚移居到南部或國外，放棄工作上的累積，覺得好可惜，所以想先結婚、等孩子大了再來有所發展。在遇到研究所剛畢業、也想結婚的男生後，兩個人沒事就每天約會，三個月後便結婚了。

婚後的紀餘過著職業婦女的生活，在工作和家庭之間蠟燭兩頭燒，先生認為「太太的工作有就好、不重要，把家庭顧好比較要緊」——這也包括照顧他的家人。雖然受過高等教育的紀餘在經濟轉型下，得以進入中產階級的勞動市場，然而家庭中刻板性別角色的夫妻型態依舊，他必須在兼顧家庭勞務的前提下，進行全職工作的勞動。

二十多年來他的生活圍繞著照顧家庭和孩子，在同一個行政單位工作了三十年都沒有升遷。他與先生的溝通越來越困難，吵架也沒用，只好不講話，關係漸行漸遠。一度以為只要能好好陪著孩子成長，沒有愛情也沒關係。

沒想到第三個孩子稍大之後，他開始感嘆情感的缺乏——「我也需要愛情」，尤其看了許佑生寫的書《跟自己調情：身體意象與性愛成長》，開始注意自己的身體，照著書中所寫的愛撫自己，身體的感覺慢慢甦醒。只是忙碌的工作和生活推著時間前進，加上無法溝通的先生，連想分開都不知道要如何進行。尤其老三還小，紀餘站在孩子的立場，總覺得至少爸媽同住給孩子的資源比較多。

四十多歲時，有次他代表工作單位去開會，看見一個T（當時他只是覺得對方很中性帥氣，後來才知道這是T），他開始「想很多」——他的腦海裡浮起一個直覺，「我要有自己的事業，才能跟他在一起」。紀餘當時並沒有想到同性戀方面的念頭，「那時候只是覺得我好想看他喔，可是我又不敢一直看他。那個人低頭坐在那裡開會，一句話都沒說。我就在那一邊想像機關旁邊這個房子，將來我要當諮商所。那時接觸了成長班、看了許多大眾心理學的書，我覺得我很喜歡當諮商師或是成長班的帶領人之類的。我不知道怎麼會有『擁有自己事業』的想法，關於獨立還是怎麼樣。」這是紀餘第一次想獨立。

但日子在充滿照顧孩子，穿插先生不滿他外出參與自我成長課程的暴力（每次都是大吼大叫，一副要吃人的樣子，他都快動作鎖進房間、沒被打到），紀餘在為了安全而離家又為了孩子再回家的循環下悠悠流轉，這個念想種下紀餘日後覺察自己的線索。

退休後開始探索自己真正所愛

五十歲退休，他改做自己喜歡的事情。有一次看到女同志出版社的徵文比賽，很快寫了一篇有女同志情節的故事參賽，沒想到得獎了。社長鼓勵他繼續寫，他也將這故事寫成了長篇小說向出版社投稿，被錄取了，他好高興，「可見我寫得多像！」

另一方面，對照已經殘破不堪的婚姻，開始懷疑：「我自己是嗎？」他開始仔細思索生命中對女生動心的蛛絲馬跡，想起了四十多歲時開會看見一個T「想很多」的趣事——而更早之前，他曾經非常喜歡與一位爽朗、健美的女同事相處，工作單位白白嫩嫩的女工讀生，也讓他在腦中浮起想要小小使壞的去「欺負」對方一下……紀餘排山倒海的把自己對同性情欲的生命經驗翻轉思考了一遍，這時候才驚訝地發現，過去對於男生和女生動心的人次差不多，都在五次以內。而且紀餘從小就不喜歡男生，尤其婚姻中的性更不愉快，只是因為先生要，就勉強應付，從沒想過那是愉悅的事情。甚至一度認為：「小孩都生完了，為什麼還要做這件事呢？」而「同性戀」這個可能性似乎讓自己這些無以名狀的經驗得到了安頓。

他決定要去探索自己是不是愛女生？想讓情欲得到抒發。在職場習得電腦技能的他搭上了網路交友風潮，陸續發現了「2G（Two girls）」、「TO-GET-HER」、「Carol的家」等女同志網站，以及最早接觸到的PTT BBS站上的拉版（Lesbain），也從同志網路廣播節目「拉子三缺一」得到很多資訊。他參加已婚版的網聚，見了不少網友，發現原來許多到同志網站交友的已婚媽媽都有同樣的困境：在有限的擇偶青春，他們不見得有機會嘗試探索原來自己真正愛的是同性（或即便知道了，還是在壓力下進入異性婚姻），一路依循著家庭、社會和職場的期待，和異性交往結婚、未曾想過和同性的可能，卻在更多生命體驗探索之後，才知道原來更愛的是女人。但這時候已經有了孩子和家庭的責任，很難全然地再投入一段感情，連擠出圈內朋友兩週一聚的時光都顯得彌足珍貴。

為了不讓純聊天的聚會很快散掉，紀餘開辦了免費的「拉拉寫作班」，讓這些已婚女同志們可以暫時放下家庭責任，一起聊天、書寫、吃飯。有人每次都來，也有來來去去的人，有趣的是，他發現有些T會來「看菜」，沒有中意的下次就不再來。他也投入撰寫電子報專題，呈現已婚拉媽的實情，發掘中老年拉子的議題。在網路上尋找各種情形的拉子，進行訪談報導，並在才藝課程中留意班上較偏T的兩個同學，刻意和他們接近。

雖然這一段探索最後沒有被對方接受，但紀餘把這個過程記錄下來，登在拉子網站上，藉著文字的力量交到了好幾個圈內朋友。此外，當年帶著女兒去上體操課、曾讓他感覺心動的健美體育老師，如今已完成美國博士學位也和前夫離了婚，紀餘找了送書的理由和他再有聯繫，甚至在圈內朋友的群組中詢問大家「如何把異女變成T」。過程裡，紀餘覺得這個人還是吸引他的，但對方離婚後過著封閉的生活、感覺沒有意願走出去或交朋友，因此後續接觸也轉淡了。

在這些探索中，他很清楚「我在行動，我要交女朋友」。但另一方面，「我又擔心這樣貼文兼交友，會不會發生什麼？」為了紀念那一段追求才藝班同學被拒絕的過程，紀餘加入了許多生活點滴寫成一個完整的故事，並一篇篇的貼上去。他想要抒發、想要貼出來讓別人看見，同時也有交友的期待，希望有興趣的人可以來信，透過這個歷程探索自己是不是愛女人？紀餘共寫了十篇，貼到一半的時候又發生了先生的暴力。這回他很快打手機報案，坐著警車離家，紀餘堅決地說：「我不要再回去了，我不要再跟他住一起！這種事會重複發生，無聊！」他對婚姻徹底絕望，曾經的付出無人可討，人生責任盡完之後，他想要為自己做點什麼。他想離婚，但已分居有獨立生活、孩子又已長大，於是把心力優先放在自己的成長和情欲探索，似乎這個法律上的名分沒有處理的急迫必要了。

五十多歲才開始探索同性情欲的紀餘形容自己「只會當媽媽，不會當情人」。回憶起與第一任同性伴侶葉子的曖昧過程，對方以他自己的感覺說他「不是女同志」。紀餘笑說：「我並不是因為不是女同志，而是我根本就不會談戀愛～呵呵呵」。在初探同性情欲時，他和葉子是從上床開始的。

本來是紀餘認識一位三十多歲的女同志網友小艾，透過小艾認識五十歲的葉子。有回紀餘向小艾提出床伴的邀約被拒絕後，葉子和他產生了以下互動。葉子在MSN

（註：通訊軟體，現已下架）傳給紀餘：「聽小艾說，你對他提出床伴的邀請？」紀餘第一個反應以為對方要罵他，並暗自驚訝，「小艾怎麼自己講出去？」也因為小艾才三十幾歲，但五十多歲的紀餘已習慣了社會否定中老年人的情欲需求，而預期將受到老牛吃嫩草的道德責難，但想了一兩秒後，還是跟葉子回了「是」。令人驚訝的是，葉子緊接著回了一句：「我教你」。他非常驚訝對方馬上跑出這句話，但還是故做鎮定地回覆：「嗯好，可以考慮看看」，心裡暗自想著，「原來他不是要罵我，他是要加入，哈哈哈哈」。

憶起這一段性邀約的動機，其實是紀餘當時煩惱著小說創作中只剩一場女女的床戲尚未完成，而自己又對這樣的感情躍躍欲試：「一個是情欲的需求，我常常會情欲很高漲，很想和女生有親密的身體接觸。一個是我想試試看我是不是女同？是不是一碰身體就知道啦！再來是寫稿的需要。最重要的是，我必須跨出這一步啦，不然自己想半天，也不知道是不是？如果我錯過這個機會的話，下一次不知道什麼時候？哈哈哈。我第二天就跟葉子說試一次看看，我那時候沒有想到要愛他，我知道一夜情的規則是：『不可以愛上對方』，也跟他說好了。」

不必以現在的我為未來的我做承諾

這次的邀約，經過一些波折後約成了。紀餘靦腆又興奮地陳述那次和對方碰面的經過：「他來了，坐在那邊一直講話，講了幾個小時。後來我心想：那你到底要不要做？我原本期待對方應該要主動。那時候床邊有一個圓桌、兩張椅子，我們就坐在那，我想，我是不是要走到床邊，對他這樣（做出靠近搭肩的姿勢）？講話中間我上了兩次廁所，第二次上完，他也去上。我想天都黑了，難道還要繼續講話嗎？後來靈機一動，我就躺到床上去，等他出來，我就說：『喔~講好久，好累喔。』然後他就關了燈上來了。」

這次的性邀約讓雙方都很滿意，繼續後來的交往。紀餘並不在意事後知道，對方第二次毀約是因為他那時在和年輕小女生交往，因為內心道德的關係，在要不要約之間擺盪。紀餘真誠的靜觀其變，讓喜歡的人多方嘗試後自己做出選擇。

回首這段歷程，他感慨「女人被『種』在有先生和小孩的地方，哪兒都去不了。」而現在的他，在台灣從南到北都有寫作班和諮詢個案在進行，「移動讓我有思考自己未來的時間，跟自己相處，不必外求。」原本期望有個最後的家，有自己的先生和孩子，可以在裡面安心的老去；即便小孩長大離家，也要幫孩子準備一個家，讓他們偶爾回來。然而事與願違，三十年來費盡心力經營的家，卻在先生的不珍惜與暴力之下，讓他黯然出走。「會覺得遺憾，但是我不想要了。實在找不到繼續在一起的理由，一項都沒有。我的力氣還有時間，想要用在自己身上，先建立自我比較重要」。

我在訪談過程，覺得他談起家庭和先生總是抑鬱不平，但談起感情則有種眉飛色舞的風采，諮詢事業的自我成長之道，更是他津津樂道的話題。對結婚的女人，人生猶如一場豪賭，紀餘把三十幾年的青春歲月都花在照顧和維持父權異性戀婚姻，卻在年過半百發現這不是自己所要的幸福。他更珍惜的是未來的時光，有別於主流價值追求天長地久的愛情承諾，對於也在異性婚姻關係中、身兼母職且無法出櫃的伴侶葉子，他覺得「計畫永遠趕不上變化，所以（關於離婚在一起）不能給承諾，只能把握現在，如果現在好的話，就一起好下去。不必以現在的我為未來的我做承諾」。

對於已成年的孩子，他依然持續的關心和照顧，像朋友般約時間見面、吃飯；當年剛上大學的小兒子也尊重和支持他的自由發展。對紀餘而言，身為母親的責任和親情不曾因夫妻感情的變故而輕放，孩子反而與他在一路艱辛的婚姻過程裡互相扶持成長，甚或在他探索同志情感時，成為可以分享討論的對象。

這幾年走來，紀餘覺得和同性在一起很有趣，角色、位置、分工等等都沒有刻板的規定，不像跟男人在一起，必然是對方開車或做某些事。事實上他的婚姻一路走來，發現「先生」就像一個擺在那裡的神主牌，社會告訴你很必要，但其實生活中，女人自己就可以完成所有的事情。在五十五歲到五十八歲期間，他把諮詢和寫作事業盡情發展到一個顛峰，除了收回北部自己名下的房子自住兼工作室，也因應事業和情感需求在南部租屋「工作兼約會」，和女友葉子擁有兩人的私密空間。由於葉子仍在保守的職場工作，也有自己的異性婚姻家庭和孩子要照顧，他們對外就像一般的歐巴桑、好姊妹，相似的衣著風格和女性化的氣質，讓他們不必刻意掩飾就能好好的隱身在櫃子裡，而進了這個屬於他們的獨立情感空間，他們才是肌膚相親的同性愛侶。

感受自我，摸索想要的生活模式

但也在這個時期，紀餘發覺自己還是感受不到快樂，而三個孩子處理事情都很逃避。將近五十八歲時的一場大病讓紀餘住進了醫院，也突然反思到自己一直以來的「好心」，讓自己一直以別人的需求為主在忙碌、忽略了和自己的相處。住院的日子讓他細思許多原本在做的事情，其實並不符合他想要的。病好之後他才知道要出去散步，和自己相處，體會到讓自己真正停下來。看著曾經自己費盡青春經營的家，如今五人各住五處的分崩離析，讓他覺得身為一個母親，預見了這對孩子以後不好，自己要當火車頭率先面對。開始是他離家，逃避和先生的關係；生病前先生對他提離婚，但沒談成，他也在網路上發現了紀餘有女朋友，從此之後對方也逃避，什麼都不再提，也不跟紀餘講話。所以他決定回去面對，有空回去和先生共有的房子住一晚，不論有無回應都找先生說說話，後來發現關鍵在「行動」而不在「講話」。他時時注意自己的情緒，可以很自在地待著，也不用做家事，好好享受那個環境。回去住之前唯一想到的是，過去先生認為性是他的權利，如果晚上他到房間來要求做愛的話要怎麼辦？紀餘想了幾個版本，誠實問自己的內心「想要的是什麼？」後來確定的是「我不要」。

另外，他直接拿鑰匙開門進去，沒有人說不行，不需要解釋或說服誰，先生也說他不能拒絕他回去，這是因為有婚姻在（所以紀餘認為同性伴侶需要婚姻，這層法律保障很重要）。他還想到，「如何說服自己處在有女朋友，但沒離婚的情況中呢？想想看，婚姻中基本的共同生活、共同出錢出力、親密的性關係等，不是每對夫妻都全部兼顧的，我為什麼要勉強自己去維護那些我認為『應該』怎樣的生活呢？我遵守各種規範遵守了一輩子，到底為的是什麼呢？」想清楚之後，「管它的！」是最好的方法。算算，到現在分居十年，幾天回去一次已經五年了，家中每個人都有改變。現在全家五個人住兩個地方，不只紀餘繼續他喜歡做的事情，先生也常出國自助旅行，一去就是一、二個月，也去實現他的夢想。

等待能夠真正走到心裡的人

紀餘在南部租屋的那幾年是和葉子最甜蜜的時候，每一、二週搭高鐵去住幾天，葉子下班後過來，一起吃飯、散步，閒時出去玩，度過了快樂的時光。性愛的愉悅彼此都很滿足，時時高潮，不只心中充滿正向的能量，連白髮也長出黑髮來，痔瘡縮小，身體回春，兩個人都沒有更年期的症狀，性真是有益身心的活動啊！

只是紀餘心裡清楚，跟葉子許多話題是談不來的，因為沒有同住，又處在熱戀中，暫時沒問題。後來紀餘離開南部，全部待在台北，改由葉子幾週來一次台北時，溝通的問題就凸顯出來。思考了一、二年，也參加開放式關係讀書會，他決定向葉子提出開放式關係的建議。他的想法是，兩個人沒有不好，不需要分手，他不滿足的部分另找其他人滿足就好了，彼此知情同意，兩個人都可以不只一個情人。當然需要很多的溝通和協商，還有處理各種情緒。但葉子對這段關係的滿意度比較高，認為親密關係理所當然一對一，無法理解和接受紀餘的核心價值——「事情是變動的、未來有各種可能，我在意的是多元的可能性、不要給一個框架」。紀餘費了許多時間解釋和說明，說到沒力。後來葉子情緒大爆發，整個向紀餘傾倒，紀餘總是盡力地聽，滿足他的需求。但完全沒用，「聽他講話變成了我的責任，而我越聽越累」。紀餘也不知道要斟酌自己的心力，盡力地對葉子好，後來才發現，那不是葉子要的，葉子也沒接收到他的好意。直到紀餘病倒，沒力氣也沒感覺了，提分手。總計兩人的熱戀期三年，有氣無力期兩年，後面三年多是在吵架和停戰中度過。

目前紀餘在病後休養中，工作暫停，好好休息、照顧自己，雖然已六十三歲，還是時時思索自己的未來，也試著在網路上交友，嘗試建立各種可能的關係。對於未來，他希望能實踐坦誠的開放式伴侶關係，並不是目前有和多人交往的需求，而是希望保持對關係的彈性和各種可能性。

回首自己和先生與前女友的關係，他覺得這兩個人似乎都有一些亞斯伯格症

（註：在精神疾病診斷與統計手冊第五版DSM-5已併入泛自閉症光譜）的特質，很難相處、情感的需求也淡。但這對情感和心靈層次需求較高的紀餘來說，其實是持續處於滿足了對方、但自己得不到滿足的不平衡狀態。或許，他也在等待能夠真正走到他心裡的人，讓勞碌半生的他能感受到愛、滋養與安頓。但至少，他在歲月的歷練中學會了傾聽和照顧自己，幸福也可以不必外求。只是在這生命與時間賽跑的日暮黃昏，他仍勇敢追尋著一個更圓滿的可能。而這一切的起點源自於愛，對女人的愛和對自己的愛，讓他勇敢走出父權家庭的牢籠枷鎖，在人生的下半場開啟無限可能的篇章。

撰文者簡介

黃靖雯

一個受女性主義薰陶的社工人，期待和同性伴侶共組家庭生兒育女的女同志。目前在職場和家庭都出櫃，認為同志現身說故事本身就是種溫柔的力量，開啟一種對話溝通的可能，也讓隱身同志知道彼此不孤單。曾經好奇在有了許多「老T」的故事之後，那些「老婆」們到哪去了？因此開啟了我的碩士論文，也和我的故事主角在九年前成了忘年之交。然後我才知道「小隱隱於山，大隱隱於市」，似乎也某種程度的反映了在那個看不見同性戀的年代，他們隱身在社會、職場與家庭的每個角落，在感情與家庭中奔波拉扯的身影是他們時代的眼淚，也是對於不見容同志的社會一種磨練的修行。但愛總在隱微處散發著溫暖、指引我們前進。家是一個安身立命的地方，愛是人一輩子不會放棄的渴尋，老年同志受苦著社會制度的歧視與排除，是為了追尋愛，也構築家。不分異同與年齡，我們其實都追逐著一樣的想望。邀請你也一起看見我們的看見，支持每個不一樣的人都能構築自己幸福的家。

故事8　雲帆——唱出同志人生百態

撰文／陳婉寧
訪談／同、莊蕙綺、小小
訪談日期／二〇一二年九月十三日

真心痴情換絕情　老來相伴才是真

四十四歲才正式踏入同志圈的雲帆，在踏入「圈內」以前已有在工作場合認識的穩定交往女友。在辦公室戀情畫下句點後，才進入圈子，被圈內眼花繚亂的交友管道開了眼界，從網路交友到《女朋友》雜誌，到通過報紙副刊瞭解實體的同志店家。在這碰撞摸索的期間，年過不惑的雲帆在各方面發現圈內的世界變得太快，各種管道接觸到的總是與他年齡相距甚遠的「小朋友們」。懷著試探又不安的心情，按圖索驥到女同志友善的店家，卻又摸不清入圈子的眉角，幾次沒有特別收穫的經驗後就漸行漸遠。

雲帆說起自己的情史，心碎大過溫暖：「我二十三歲交第一個女朋友，只交往四個月對方就跟其他男人走了，最終還是跟男人結婚去了。中間我有整整七年的情感空窗期，斷斷續續還在跟對方有聯繫，我們頂多就是牽手，對方似乎只是把我當成提款機，借錢予取予求，借過從來不還……我還傻傻的，以為百般對對方好就能讓對方回心轉意。誰知道回頭都是有所求，都是虛情假意。我就像一個傻瓜一樣在這段情感之中……」

直到第二任在公司認識的女友，六年半的交往期與後四年半對方嫁作人婦，但還是與雲帆保持僅止於牽手的交往。從有雙性戀傾向的女友，到進入圈子後陸續交往的幾個對象。雲帆最後也坦承，「人老了，到最後還是要有伴互相照料才好。愛情都是會離開的，像我們這些偏中性的T，不像婆在圈子中熱門。還是要以顧全自己經濟及工作為優先。」

隨著時代演進，網路開始承載同志群體交友的部分管道，不擅在電腦前敲打鍵盤，不懂網路社群的遊戲規則。從當時的女同志網路平台「TO-GET-HER」和「小鎮姑娘」開始，雲帆還是感覺在整體友善度上是不利像他這種熟女同志群體。於是，因緣際會地開始探索實體性別友善店家，剛入圈時雲帆覺得很孤單，在家庭中的阻力因為媽媽的過世而舒緩，平輩的手足已不太忌諱這樣的話題。隨著家庭壓力的解放，和年紀漸增真正「做自己」的想法，加上不斷在當時幾個熱門的女同志空間流轉，包含：泡沫紅茶店、T bar、異人館……等地。在這些空間裡，雲帆說，既然是女同志開的，要喝酒、要聊天就去這些同志朋友開的店光顧支持。也是這些經驗，讓不好飲酒的雲帆，同時又年屆五十二，適逢公司關閉，中壯年要再行轉業對雲帆而言顯得困難，他便著手創業。接下來的這段卡拉 OK 創業經驗，在店內人來人往霓虹燈閃間，一段段各形各色的同志故事就此在他的眼前展開。

同志卡拉ＯＫ，Ｋ歌也Ｋ同志人生百態

雲帆興起開卡拉ＯＫ店的念頭可是歷經一番掙扎將近兩年，一方面要投入時間精力及金錢，二方面聽說還要面對黑白兩道的壓力。但在醞釀開店前的許多親身經歷，辦了將近兩年多的同志聚餐，論聚會的隱私性和渴望有更舒服自在的聚會、聊天、餐飲空間，可以自行包場歡唱的卡拉ＯＫ再適合不過了。當家作主卡拉ＯＫ店的雲帆，來來往往各色群體的認同，在卡拉ＯＫ店中的扮裝日各種節慶、或特殊打扮折扣所吸引的各種群體，包括雲帆自己也嘗試過露大腿的細高跟女裝。而在卡拉ＯＫ店中的聚會，總是形成巧妙的分野：Ｔ、婆、不分各執一角，甚至還會互相眉來眼去或側目或者友善交流，那種時代下的含蓄和隱諱在雲帆看來反倒是很能心思寬廣地思考：有人遇Ｔ則婆，有人遇婆則Ｔ，有人是隨性而欲。在這個過程中，雲帆反倒想開了：「我就是我，性向這件事情是在我身上的，我認為我的人格完全正常，我的愛情就是發生在女生身上！」

來自外省第二代的打罵教育，來自父母的成家期盼

雲帆從小學起就感受到自己與眾不同，總是會興起保護他有好感女同學的念頭和行動。來自外省第二代的他，從小在爸爸打罵教育下成長，兄長也趁勢打罵晚輩，從而兒時記憶起，雲帆對異性的反感多於好感。意識到自己喜歡玩刀槍，喜歡騎馬打仗，喜歡保護女生。升上國中的青春期當時社會風氣保守，直到進入大專就讀時始終在陰影中，家裡逼婚催婚不斷，母親過世前絮絮叨叨地逼婚及懷疑，對帶回家的女伴的種種敵意，直到母親過世家族壓力大大減少。隨著時間流轉，年屆八十的老父也時不時有意無意地說：「是男是女沒關係，只要老了有人相伴就可以。」先前辦公室戀情的女友在與異性成婚後，雲帆還死心塌地每每躲在辦公室樓下苦候，只為見佳人一眼，而這樣的痴心足足維持了兩年。對方說：「異性未必是最好的選擇，但一旦選擇了和同性在一起就是死路，就是一片黑暗。」

第一次的女女性經驗，臉紅又好奇，細數情史話當年

雲帆談起自己女女性經驗，從牽手擁抱到親嘴，直到床上最後一關，雲帆也是在過程中探索，加上當時資訊並不發達，如何讓對方在性生活達到真正的滿足還是霧裡看花。雲帆呵呵笑說：「兩個人都沒經驗啊！上下其手摸來摸去，花了很長的時間在探索對方身體，後來我就專門變成在性關係中變成服務型的。」雲帆有著浪漫純愛的成分。在當時他認識到女同志中的T有許多單身，在當時的風氣和條件下，雲帆說自己比較喜歡和熟婆在一起，或者進入婚姻又離婚的，因為對方經過選擇，理解心之所向。在那個年代因為服從主流進入異性戀婚姻的圈內人不在少數，但在少數氛圍下又易遭同志群體的排擠，等於是二次受傷害。看過來來去去的圈內人，還談了當時最流行的貓王天后黃曉寧，及當時演藝圈中的各種性別花邊新聞。雲帆感嘆公眾人物也做不得自己，裡外都是壓力。

直到網路 Facebook 開始盛行，雲帆也趕上了在各網路社群揪團交友的風潮，雲

帆還說自己似乎很有年輕女子的吸引力，總是吸引上七年級或八年級生，最大的年齡距離差距達三十五歲，交友軟體從 MSN 演變到 Facebook，在網路上形形色色的社群和直播秀，也讓雲帆大開眼界。在雲帆的心裡，最終還是想找一個合適的伴侶，有一個安定的住所。在年歲漸長的他看來，同性伴侶註記或許在雙方的感情上未必加分，但是法律的保障的確在醫療、教育、社會福利和遺產分配上具有效力，這部分雲帆還是持相對支持理解的態度。（編按：採訪當時尚未通過同性婚姻立法。）

真正做自己，面對即將來的老齡生活，基本保障是底線

面對未來，面對年齡漸長和身體機能退化的自己，每個人一出生就在向死亡走去，你我都會老，時間在每個人面前是公平的，不論貧富貴賤或性別傾向。在雲帆的想法裡，把自己能夠負擔的退休金進行妥善規畫，存好自己照顧自己的老本，在基本負擔上無憂後，再行追求更上一層樓的生活品質。出生自軍人世家的雲帆，由於父親職業

提供的相關福利，各方面經濟負擔壓力不大。媽媽在家中既是逼婚壓力與碎碎唸的來源，但同時也是雲帆最愛最心疼的親人。家中的幾個孩子，各自因為出生階段的不同，因為性別的不同，因為在家中的地位不同，雲帆感受到在家中的不公平待遇。爾後因為家庭的第三代出生，小孫子成了家人間的潤滑劑，有時在這場景中的雲帆，也感到當下的窩心及幸福。想到如果父親去世後的遺產糾紛與分配，孤家寡人的他自我期許保障生活底線，更期待真的有一伴侶可以晚年陪伴。

在雲帆來說，不後悔也不迴避自己的選擇，不躲避外界的異樣眼光，自己的心態永保健康與光明，從不覺得身為同志群的一分子需要感到可恥。在雲帆的心中，反倒是還躲在陰影或不敢正視自己身分的朋友們，持續戴假面具過生活是一件極其痛苦的事。面對真正的自己，而一個真正自己所承受的不見得只有好處，一體兩面地也有做自己需要付出的代價與過程。而這些也都是做一個真正的自己需要去經驗與面對的，當我們遇到別人不理解的時刻、遇到情傷的時刻、遇到不如意的低潮……等等，一切的一切，都是我們做自己的功課。

〈後記〉

未曾謀面的雲帆

記得出版小組討論時就拿到一疊破萬字的逐字稿，那個我未曾謀面的雲帆，盡可能充足的故事和細節都被收錄在逐字稿中了。人類記憶力的脆弱，真的只能關注當下，像與時間賽跑般寫下記下，在熱騰騰文字出爐後，受訪者的故事被看見，或許牽動每一雙閱讀的眼及心。想想從過去到現在，性別友善的路走了多久多遠，過去的來不及參與及扭轉。現在與未來的每一個聲音，每一次連署與每一份支持都是在創造歷史。很榮幸與台灣同志諮詢熱線相遇，與老同小組走過一段路，與大哥大姊們共聊那個時代的勇氣、那個時代的選擇，你們都是人生中的最佳主角，也照亮了我們理解世代的多重。

撰文者簡介

陳婉寧

七年一班生，在台灣的教育背景為政治系國際關係和建築與城鄉，二〇〇九年起踏入同志圈，二〇一六年與伴侶正式進行註記，完成約定的第一步。現任職環保組織工作長居北京，資歷長達五年，在此期間於北京同志中心擔任志工，恰好有機會觀察在台灣與中國間多元性別的現場與發展。二〇一四年成為台灣同志諮詢熱線老同小組的志工，結識了一群可愛又努力為台灣性別議題打拚的伙伴們，更在老同小組中看見生命週期流轉所遇上的困難、挑戰與故事，每一位熟齡大哥大姊背後所代表時空環境，更讓晚輩如我們理解當時的人生選擇或回應。謝謝每一位大哥大姊的信任與坦誠，在書寫故事的當下，連接起來的是跨世代的圖像，更有助於我們思考全生命週期完整、友善、有尊嚴的性別視角。

故事9　飛——期待飛向新的春天

撰文／佩紋

訪談／可樂、宜婷、心宜

訪談日期／二〇一五年四月十五日

「飛」生長於五、六〇年代保守的台南，只有大學時期赴外縣市求學，其他人生階段都待在故鄉台南。目前擔任國小教師，先生也從事教職，育有二子。五十八歲、捧著鐵飯碗的飛，家庭完整、生活看似順遂，卻有著不為人知的一面，身為同志的那一面。

從小喜歡女生，但不知這就是同志

「我很小就喜歡女生，只是不知道是這一塊。」飛在讀小學的時候，對於喜歡的女生，會主動去抱他、親他，幾乎不曾引來師長同學的注意。在那個男女分班的年代，與女同學間很自然地會有親密動作。上了國中，女校裡誰喜歡誰這類曖昧的話題非常普遍，他說從國小、國中，甚至到高中都有這樣的同性接觸，但並不知道這就是女同志。然而在當時的時空環境，同志的相關資訊稀少，多數人沒有機會接觸到，自然也從沒想過自己是不是同志這樣的問題，怎知同性情欲種子早在小時候就生根萌芽。

回想起高中時期，飛提到那時候曾和一位女同學有過一段特別的關係，兩人相處親密。這位同學的家就在學校附近，為方便念書，飛曾住在他家一段時間。後來飛考上大學，同學落榜，飛在大學週邊租屋，同學也主動要求一起住進租屋處。朝夕相處下來，才得知這位同學曾被父親性侵，飛成了他擺脫家庭的避風港。這位女同學的男人緣非常好，高中時就有許多追求者，也一直有男朋友，飛則被尷尬地夾雜在其中。

兩人同住的這段時間，同學也開始工作，卻在職場上被老闆性侵懷孕，最後決定奉子成婚。婚後飛與他兩人仍住在一起，飛甚至還幫同學坐月子，小孩稱呼飛為「乾媽」。

對飛來說，若其中一方去交男友或是結婚，對兩人的關係來說是保護色，不容易被他人發現；然而，在這樣身分定位不明的關係中，似乎也同時失去要求對方的資格。當對方跟男生在一起時，飛即便感到氣憤，卻只能默默承受，後來當飛決定步入婚姻時，對方同樣也不開心。訪談時，飛以「莫名其妙」來形容對方生氣的反應。後來這位女同學離婚又再婚，飛也花了很長一段時間才與他完全切割。或許當年很難明確地說出兩人的關係，但從飛對過往的描述，相信這段感情與經歷對他來說是刻骨銘心的回憶。

結婚生子，是很好的保護色

與飛同一年代的男女同志，或許有不少人選擇進入異性戀婚姻。在當時，男大當婚女大當嫁是天經地義的事，他甚至提到，年輕時認為可能是因為沒有男朋友，才會喜歡女生，如果結婚了，喜歡女生的問題也許就會自然解決了。

飛在婚後的前五年，忙於照顧小孩，不再有時間去思考自己的性傾向，但後來慢慢發現，潛意識裡面想望的仍是女生。甚至與先生親密時，會忍不住把先生想像成女生，滿腦子裡面想的都是女生，才發現自己同性情欲仍在。

即便與丈夫的關係隨著時間日趨冷淡，飛選擇繼續留在婚姻關係裡，因為身為國小老師，飛需要婚姻作為他的保護色。相對一般職場而言，校園算是一個非常保守的場域，在職場上，同事們並不知道他是同志，已婚身分成了最佳保護色，即使與女生出雙入對，也不太容易讓人聯想到是同志。「我有小孩，我有先生，我有家庭，所以我和女友出去就比較看不出來（是同志）；他也結婚，他也有小孩，所以在其他人的眼光來看就是很一般的朋友這樣子。」

不過，飛也曾因為「異性婚姻中的同志」這個議題，而與其他年輕女同志發生爭執，有些年輕世代的女同志可能無法想像，為何不能自己做決定，認為「你既然是拉子，為什麼要結婚？你既然結婚了就不要這樣子！」然而，在當時的氛圍下，飛是不得不走入婚姻的，不是他選擇這樣做，而是被迫跟著社會的定律走，但對年輕一輩的女同志來說，既然選擇結婚，就不該背叛家庭。世代間的差異，是需要溝通、同理心去慢慢理解彼此。

接觸性平教育、慢慢認識自己

台灣於一九九七年成立兩性平等教育委員會，推動兩性平等教育，性傾向、性別特質、性別認同等議題也逐漸受到重視，二〇〇四年「性別平等教育法」公布施行後，規定國中小學必須實施性別平等教育相關課程，迫使學校開始重視性別平等教育，並辦理相關師資研習課程。

於是飛開始有機會接觸到同志相關資訊與資源。有一次學校針對教師舉辦了性別平等教育研習課程，剛好邀請了同志諮詢熱線社工擔任講者，原本懷疑自己不正常的飛，聽了演講之後，開始認識「同志」。他說：「我覺得（演講）對我來講有很大的幫助，我才開始自己去瞭解，因為自己心中有很多問號，就不知道為什麼，只是覺得很掙扎，怎麼會這樣，會覺得自己不正常。」

在那次演講中，講者以一本認識同志的相關書籍作為獎品，幸運拿到獎品的飛，藉由書裡的內容開始瞭解同志相關各項議題，並從書中知道有同志網站，也踏上新的人生旅程，透過同志網站認識一群拉子，也陸續嘗試與不同的女生交往，慢慢認識自己、瞭解自己，並認同自己的同志身分。

婚姻中的同志，褪色的保護色

在異性婚姻中的同志，並不如想像中的美好，對外或許是保護色，但這層保護色隱含著另一種隱憂，隨著同志認同越發確認，保護色也逐漸褪色。飛剛開始接觸同志交友網站時，半夜常與小女生通電話、聊天，幾次被先生發現，先生懷疑他有外遇。

一開始他先生並不知道對方是女性，當夫妻兩人發生爭執時，飛解釋對方是女生，這之間並沒有什麼事情發生，二兒子甚至跳出來說，「老爸，你歧視同性戀喔！」他的先生聽到兒子都能接受了，也就妥協並願意維持兩人關係現狀。相信對飛來說，兒子的挺身而出是一股重要的力量。

另一方面，公公聽聞飛的事情後完全不能接受。自此之後，過年過節便成了飛的寂寞時刻，不能回公婆家，也不能回娘家吃團圓飯，除夕夜飛只能獨自一人過節。「除夕夜大家都在團聚，而你只能一個人，有家歸不得的感覺。娘家又不能回去，娘家是不能接受除夕回去的，甚至是初一，娘家是不能回去的……所以後來我發現說，社會上有很多那種團聚歡樂的氣氛裡面，是不是另外有一群人最怕過這種日子。」飛難掩寂寞地說。

這情形一直持續到公公中風倒下，婆婆才開口叫他回家吃年夜飯。

家族中的同志，認同自己的力量

飛在原生家庭沒有出櫃，無意中，飛發現自己的弟弟也是同志，現在彼此也都知道彼此的同志身分。飛說：「我弟的部分也是很有趣，我在Carol（女同志網站）裡面認識一個拉子，他認識我弟弟是因為他公開徵求假結婚的對象，因為這樣他們兩個也認識。有一次，這個拉子跟我弟弟在聊天的時候，那他（飛的弟弟）說：『你那個朋友是不是在某某國小服務，叫某某名字』，我就這樣被迫出櫃（笑），也因為這樣子，我明確知道我弟弟也是（同志）。」

在訪談時，飛主動提到他有一位堂姊也是女同志。堂姊從小打扮就像男生，是四個女兒中的老么，因為伯父、伯母一直希望能生男孩，有個民間習俗的說法，如果把最小的女兒打扮成男生，接著再生就會是男生，也因此堂姊的穿著打扮幾乎就變成男生的樣子。飛興奮地說：「我最後一次看到我堂姊是在我阿嬤生重病快過世時，在那看到我堂姊，我以為是我堂哥，但他一講話我就發現（是女生），很帥，真的很帥。

他的工作是開怪手、開大卡車，所以我一直很好奇，真的很想看我堂姊現在是什麼樣子。」飛還提到他的堂姊和他女友目前和伯父同住，伯父的兒子都搬出去住了，反而是這個女兒變成照顧自己父親的那個小孩，言語之間可以感受到他對這位堂姊的讚賞。

飛從弟弟和堂姊的身上，得到不少正面的支持力量，至少他不是家族中唯一的同志，再加上自己從事教職，有一份穩定的工作、經濟獨立，相對來說擁有不少資源。從言談中可感受到，飛是一位相當有自信的人，自開始接觸同志資訊、同志社群以來，飛似乎沒有太多掙扎，很快就接受並認同自己的同志身分，也開始努力拓展另一種生活面貌。

展開類第二春，對未來有很多期待

飛的現任女友背景與他相近，也是已婚媽媽，且年齡相仿，是能夠一起討論事情的對象。兩人平均兩三個禮拜碰面一次，女友也會到南部找他，飛開心地描述說兩人的性關係是「彼此很match」。兩人認識的同志社群朋友不多，當有固定對象時，也就不會積極去尋找或參與同志社群活動，他也覺得朋友不需要多，能有相同理念、談得來比較重要。

飛認為自己是偏T，且承襲性別二元的想法，認為T就應該要有擔當。「像我比較偏T嘛，我就覺得說男生要有一種擔當，然後譬如說出去的時候，是不是都由男方一肩扛起，或是保護的那種角色。像我同事，他說他出去的時候，都不帶任何的錢包，身邊絕對沒有錢，先生在旁邊就是付錢的角色。」這也是他與女友的相處模式。

飛計畫再工作幾年就準備退休，夢想著退休後要過自己想要的生活，例如和拉子朋友們集資買地蓋房，人夠多的話還可以蓋拉子村；或是在台灣各地每一個地方住一個月，也是很愜意快活。訪談快結束前，他給年輕人的建議是經濟獨立是最基本的，如同經濟獨立的他，充滿自信，對於退休生活也有足夠的資本勾勒出各種可能性。他提到若有一天他的先生有了對象，希望彼此能夠接受各自去追求自己的幸福。

撰文者簡介

佩紋

加入熱線老同小組那年是將邁入四十歲那一年的夏天。當時生活除了工作沒有其他重心，卻一心想離職，每天被低氣壓所籠罩。於是在另一半的鼓勵下，加入了老同小組，因為他說那是一個充滿歡笑的地方。加入後發現，老同小組如同異次元世界，在此認識了很多有趣的人、聽到很多新奇的觀點，在這個社群裡得到的比付出的多太多了。回想當初無知的我，抱著可以做點什麼而加入出版小組，沒想到在撰寫過程中，一直非常苦惱，覺得自己的文字很貧乏，深怕不能好好的說出飛的生命故事。或許飛的故事不是最曲折、最特別的，對我而言卻是最真實、最能感同身受的。感謝熱線伙伴們的實質幫助、溫暖鼓勵與持續督促，總算完成這項當初天真以為「我可以」的任務。

故事10　梧桐——雖然法律不允許，但這是我跟他一起維持的

撰文／同、魚玄

訪談／同、阿Sir、魚玄、Oreo

訪談日期／二〇一六年八月十二日

二〇一六年十一月二十八日是個北台灣典型濕冷的冬天，早上九點半，梧桐已經從新竹搭上高鐵，他給熱線老同小組的同打電話：「今天會到立法院外抗議的場子嗎？我在高鐵上了！」這天同正好受邀到宜蘭的女性影展開幕記者會，要為一部老年同志照護的影片發言，一大早風塵僕僕從台北前往宜蘭，預計中午記者會結束，「再趕過去看看！」當天立法院舉行婚姻平權修法公聽會，有上萬名挺同志婚姻的民眾聚集立院外，發出「反對歧視專法，修民法支持婚姻平權」的聲音，人數多到青島東路

封街。因為是上班日，很多人是特別請假兩小時而自發串連動員來的。聽到同的回覆，已退休的梧桐客氣地說：「不用趕啦，我是閒閒，出來見世面的……」

同參加完記者會，從宜蘭趕到青島東路，公聽會仍在進行中，但現場一片「人海茫茫」，沒把握能遇到梧桐。同到處走一走，遠遠看見梧桐頭戴棒球帽、身穿格子呢襯衫、一身輕便又有活力的斯文模樣，正倚在路邊聽舞台傳來的立院直播。而梧桐的朋友特地帶一大瓶手沖熱咖啡到現場請大家喝，同當然也來上一杯，同時結識了幾位同樣是熟年的拉子朋友。傍晚時分，熟識的幾個朋友一起到附近吃晚餐，相約「一二一〇」凱道再見！

二〇一六年十二月十日，世界人權日，這天在總統府前凱達格蘭大道的「讓生命不再逝去，為婚姻平權站出來」音樂會，活動從下午一點到晚上八點，整個總統府周邊到處是大大小小的彩虹閃耀。二十五萬人在廣場上或坐或站欣賞著台上的演唱和發言，兩旁的同運團體攤位人潮也是絡繹不絕。同在熱線的攤位忙到七點多，打電話給梧桐時，他已經在台北車站準備搭車回新竹，又特別留下來等同和友人趕來。三個人在台北車站二樓找家店落腳，邊吃邊聊同婚的議題、結婚權的意義、婚權對老年同志伴侶的影響……與伴侶同居二十三年的梧桐對於同志婚姻有深入的思考，讓過分天真、只重愛情的友人感覺彷彿上了一堂課。這一聊，不知不覺十點多了，穿越台北車站大廳時看見仍有不少外籍勞動者一小群一小群的聚會捨不得離去，一棵高大的聖誕樹裝飾得銀閃閃發亮，洋溢著屬於聖誕節的歡樂氣息，同擎著彩虹小旗子為三個人自拍留念。

二〇一六年十二月二十六日，立法院審查婚姻平權法案，挺同婚的團體發起「爭取婚姻平權，用愛守護立院」活動，號召大家到立院外聲援。當天同近中午才到會場，在熱線攤位不遠處發現梧桐也在，上前招呼，兩人席地而坐，跟現場識與不識的幾萬人在冷風中一起凝神、熱切地等待。不久，聽到同步播出的大螢幕傳來初審通過的好消息。梧桐和同站起身，跟著滿心歡喜的人群移動、離開，接到朋友來電相約，於是七個半百的熟年拉子就在附近茶餐廳聊起婚姻平權的話題。這七個人（有一對是伴侶，另外五位自己出席）幾乎都有長期伴侶（其中梧桐和伴侶在一起二十三年，另一位則和伴侶在一起三十二年），他們都希望透過修法能給彼此合法合理的保障，否則若有一方離世，另一方只能變成不相干的「其他人」。一想到此，大家的心都揪成一團，只能用「情何以堪」四個字來形容！

情感是凌駕身體之上的

這篇故事的主人翁，梧桐，民國四十九年次，出生、成長在高雄一個平凡的閩南家庭。梧桐的父親是上班族，媽媽是家庭主婦，育有六個小孩，只有梧桐是女生，上面有五個哥哥。雖然故事的開場可能讓人以為梧桐是一個很社運型的女同志，其實並不如此，即使從小他就必須面對和反抗父母對於男女的教養規範——女孩子要坐有坐相、站有站相，不能像哥哥們一樣爬樹、翻牆……等；及長，又對舊式社會文化中男女的地位不平等——比方「出嫁後若被婆家休掉，家裡不接納，因為沒有面子面對公眾；而未出嫁的女兒無法得到原生家庭的祭祀，死了連葬入祖墳都可能有問題，以後沒有牌位，沒有人拜……」等——感到很不公平，甚至發出：「簡單說啦，女人不是人，男人才是！」這樣近乎激進的感嘆。但，梧桐卻是很晚、大約更年期前後，才開始去接觸、搜尋同志的訊息跟組織，當時是「想要改變了，經過千般考量」的。

五十歲，是梧桐的人生轉捩點，這一年他不只加入同志諮詢熱線，受訓成為接線義工，整整一年幾乎每星期搭車北上到熱線接線服務，接線結束還要和督導討論，回到家往往已近子夜，而那時他還在上班呢。這樣的不辭辛勞，若不是因為一份意志以及有所堅持，是不可能做到的。而這樣的意志想來是與他對同志身分和生命歷程的省思息息相關；這一年，梧桐還做了一件重要的舉動——正式向他的哥哥們一個個出櫃！「很麻煩啦，有五個哥哥！但有些事情，應該是要稟告一下哥哥們。」

讓我們倒帶，回到梧桐的生命時光迴廊。說起喜歡女生這回事，梧桐毫不猶豫地回答：「從幼稚園差不多就知道了！」也跟其他人女生一樣，「大概從小六到國一有情竇初開的感覺，但卻是國一才開始去想我是不是，會懷疑自己……」民國六十年代初，是男女分班，「寫信給男生會被記過，連看一眼都不行」的年代，「你意識到自己心情的波動，喜歡上某一個同學，然後你對他的關懷會超乎一般人，你被某一種特質吸引。」儘管如此，「同性戀」是「隱隱約約知道，可是對自己也很難說出口的那個詞。」因為哥哥學醫，梧桐在哥哥的教科書《性心理學》讀到「同性戀」這一章，「我知道那是少數，不需要醫治，我也不覺得罪惡，但很本能的是你不會去跟別人講。」整個求學階段，從國中、高中到大學，有喜歡的、親近的女孩，但「就只是朋友或是同學」，都沒有牽涉到伴侶的情感或是定義，「真正要到有行為，至少要到我是將近二十二歲、大學快畢業的時候。」是在學校裡同住在宿舍裡認識的，梧桐形容：「那宿舍就小小的，我知道我受到吸引，他也知道我被他吸引，彼此一眼就知道了。」不同於時下年輕人坦然的示愛告白，那個年代的愛情顯得含蓄，但心搖神蕩卻有過之。梧桐舉朱天文小說《荒人手記》男男互相吸引的一幕，「我記得有一段是描述阿堯和喜歡的人，兩個人在溪中的石頭跳過來跳過去，彼此擦身的時候感受到對方的身體。」

然而，女女之戀在當年是情感遠遠凌駕身體之上的，「我們如何跟人家談愛情，就是靠文字啊，詩詞歌賦，藉由文字你來我往，很容易假想進去。」在女生班的世界裡，「國中高中的時候，我相信你們都傳過紙條，你會不會用一些詩詞來傳情達愛？一定會吧！其實性別反倒不是最重要的。」至於身體，「真的脫光了，連自己都還不敢看呢！」情欲的投射在圖像上，梧桐想到的是賈林鳳嬌的照片，還有喜歡的歌仔戲明星，「我要投射也是投射葉青，但是我喜歡小旦許秀年、林美照。」聊到戲劇，黃梅調的《梁山伯與祝英台》當然不能錯過，梧桐高中的時候在電視上看梁祝，深覺「那真是太偉大的作品了，任何人都可以找到一個角色投入，而且兩個主角——凌波、樂蒂都很漂亮！」不用說，飾演祝英台的樂蒂才是梧桐鍾愛的，「純粹一個古典的女子的形象，但又有個性、非常叛逆，才會女扮男裝去上學啊！」

梧桐第一次正式有同性行為的愛情是大學畢業前，算一算是民國七十年代初。「我們那時候有一個觀念是：我喜歡這個人是一回事，但原則上，我們不去妨礙他將來進入婚姻的可能性，我不會去破壞對方的處女膜，在那個年代處女膜很重要。」對於性觀念相對已開放很多的年輕世代來說，也許很難想像「處女膜」情結曾經是如何頑強地存在吧！除此之外，現在的年輕同志面對異性戀體制可能不爽、不甩，或是直接面對、公平競爭，但二、三十年前卻不是如此。「即便對方跟我在一起，只要他交了男朋友，我二話不說就放手，那時候的氛圍、我們的認定就是這個樣子。我們要學會為對方著想，就是放手，有很大一個成分是，我們知道同志在一起生活是比較辛苦的，會覺得你如果能夠進入到婚姻，一切都比較好走；即便是不好走，要哭也比較多人會跟你一塊哭，或是至少你有這個權利哭。雖然進入婚姻會不會幸福不知道，但外面的壓力不一樣，因為我們很清楚地知道，社會上所有的制度、一切的人跟事都在幫助人們進入異性戀婚姻，都在拆散同志的感情。」梧桐形容：「如果走得進去異性戀婚姻，就好像順著洋流，跟著游泳就好，不用自己孤獨地在大海裡頭，因為所有的力量都會幫他，他唯一的阻礙就是那個男人跟他的家庭，而社會上則沒有阻礙。」

梧桐說自己從十幾歲開始掙扎過來，很清楚知道自己不太會改變，「但是如果對方會改變，其實你會替他高興，或者至少你會覺得：『好吧！你如果可以改變，走一條比較好走、比較輕鬆的路，那就去走吧！』」對梧桐而言，人原本活著就是求幸福，「我是因為我在那邊我得不到幸福，我覺得辛苦、難受，我不過去，那他如果可以，他就去跨。」

在某個生命階段互相作伴

第一段正式的伴侶關係維繫了好幾年，他們共同生活，有共同的朋友，因為兩個人個性都堅強，並沒有畏縮、逃躲，但在朋友圈中也不會主動去講什麼。說到這段感情的結束，梧桐回憶：「其實那個分開很簡單，就是他愛上別人了，或者是說他跟一個男生交往，他從來沒跟我講過不要，也不是我決定不要，而是我覺得那理所當然，他就跨到那一邊了。當時好像沒有想過要跟他男友共存，也沒有想過要挽回或是怎麼挽回。」這麼多年後，梧桐發覺「其實我根本沒有去問過他，你選擇哪邊。不知是自卑，或是自以為是，我從來沒有問過，直接認為你現在可以在那邊，你就在那邊，會比較方便，不會想要去競爭，就覺得：好啊，那邊就是一般人、大多數人的世界，你就去那邊吧！」

結束這段感情，梧桐又在生活領域裡交往過幾段。在沒有同志社群的年代，看不到其他的同志，「只能在生活中嘗試。」梧桐記得他交往過的其中一個很明確是交男朋友的，在肢體上只和梧桐有過女女親密經驗，「我可能只是他生命的過客，我們在那個生命階段互相作伴，彼此都滿愉快的，等到我們生命又岔開來了，他去找他的伴侶，我找我的，就是這樣子，他並不會害怕。後來再遇到的女友也是，他也不會害怕。」梧桐說起這幾段感情，因為彼此都是生活裡頭認識的，分手了，「退下來就是生活裡頭的朋友。這樣講，如果彼此行為一個基本的分寸有做到，即便我們做不成伴侶，還是可以當朋友。」只是不可否認，在那時候女同志若失戀是很辛苦的，除了感情的痛楚外，還有深深的孤寂感，因為完全不知道哪裡有同類。

在異性戀意識形態的世界，梧桐也不能豁免地經歷過婚姻壓力，被安排相親好幾次，喝咖啡、吃飯、看電影這些不說，他笑稱：「全套都來了！」這指的是約在飯店，雙方家長都出席。最誇張的一次是已經在外地工作，被爸爸騙回家，才知道安排了人來家裡頭看他，「那當然，我們所有的相親都被要求要穿裙子啦，上點妝啦！」因為男方不在台灣，是他的媽媽來，「端茶給他喝，然後他當然就打量我。我記得那一次之後，就跟我媽講（我當然不會去跟我爸講），以後再發生這種事，我就不回家。」梧桐介意的是，自己好像是庫房裡任人挑揀的貨品。

在二十六、七歲那段期間，正處「適婚年齡」階段，梧桐除了相親，也試著跟男生來往。「嚴格來講應該算是三個，從三個月到半年吧！」雖然很清楚地知道自己喜歡女生，但還是要試試看，「跟對方來往看看，或者說去瞭解一下，會想自己有沒有機會改變，有沒有可能遇到一個對的人，就有可能可以不一樣。所以，不要說我父母在做嘗試，他們是一定要做的，我自己本身也要做嘗試。」梧桐比喻：「那好像是一個功課，要先做過，我努力過，然後才能說我真的不行。否則我相信我的父母、哥哥們大概都會說，『你沒試過你怎麼知道？』」若面對別人詢問為何不結婚，梧桐通常會回答：「等到我們台灣或是華人社會的婚姻，男女雙方的權利義務是公平的時候再來考慮。」他太清楚在婚姻裡男女的不平等，「這一點不管是從我的性取向，或是我的女性主義認同，我都不能接受。」梧桐以合夥做生意打比方，「要找一個合夥人，也要找一個公平的。但在婚姻那樣二元關係裡，你連一個公平互惠都很難。分兩層面嘛，一個是不公平的時候我不會去走，另外一個是有公平的時候，就看我跟這人的相處如何。」梧桐認為即使在不錯的婚姻當中，還是會有男生跟女生的不平等，「萬一遇到糟糕的婚姻，那就更不用談了。」

相伴，不光是浪漫的考量

梧桐和小他五歲的伴侶齊平在一起超過二十三年，當年是在科技園區的宿舍相識相戀，沒多久就一起買房子、住在一起。「一起買房子，不見得是感情啊，有時是現實上的經濟考量，」梧桐和齊平那時三十幾歲，不想再住宿舍，想要有比較舒服、自在的空間，但一個人買不起。「我們有兩張房契，兩張地契，一切都記帳，連家具都講好，如果我們要分手，就採用會計五年折舊攤提。我們也各自跟家裡講了，預防哪一天有一方要變卦，萬一付不出房貸，家裡頭可以幫忙把那一部分給留下來。」

在當時女性友人共同買房的情形並不常見，梧桐說：「那真的不全是浪漫的感情上的決定，是有一些理性上的、現實的考量。」不過，因為一起買房的緣故，即使在不能出櫃的情形下，兩人也能以朋友的身分獲得雙方家庭的接納。

相對於梧桐自小便思考自身的感情取向，齊平雖然和梧桐長久生活在一起，卻沒有同志的身分認同，但兩人相伴相守相互扶持卻是實實在在的，吃醋、佔有欲也絲毫不少，「你不能對某一個人特別好，覺得他漂亮、他好，欣賞別人啊，都不行，男生也不行，女生也不行！」

這對長期伴侶至今也依然在磨合。梧桐一再強調他們的生活非常單調、平穩，但他們經常和友人一起運動、爬郊山、旅遊，令友人十分羨慕。相較於異性戀婚姻從制度上就不公平，女女伴侶關係中兩個人在社會位置上、體力上都是較平等的，「如果有什麼不平等、不公平，是我們自己心甘情願，而不是社會或外在所加諸的。我們之間不會講說你小孩要姓我的姓，或是你就是我家媳婦，什麼節一定要來我們家，比較不會有這樣的東西，剩下都是純粹的，我跟他家人的互動、他跟我家人的互動。那你說有沒有完全公平，我想很難吧？應該是我進他退，或是他進我退。」關於伴侶相處，「我們做到一點就是，我們吵架從不提分手，除非你真的要分，要不然不會把這個詞放在嘴巴上。我們吵架就是吵架，就是來解決紛爭，但是我們不會拿分手做威脅。」

梧桐大約是在和齊平在一起已經十五、六年的時候向哥哥們出櫃的，當時將近五十歲的梧桐覺得「很多異性戀，十五、六年的早就不知道離婚幾次了，為什麼男女之間即使只是結婚三天五天，都可以發個喜帖讓人包紅包，而我們已經在一起這麼多年，卻必須要跟別人假裝我們沒有這回事？」梧桐自認是很強悍的妹妹，他跟哥哥們講開了，「我們就是這樣的關係，我沒有講，好像是我在偷人，我明白講了就是正式的認定，雖然法律不允許我，但我跟他是維持住的。」

至於往後的人生，「我們大概就是這樣過日子，到哪一天我們自己沒辦法獨立過生活，就會去找一個養老村，等到連養老村也不收的時候，我們就尋求安樂死。」關於生死，梧桐很豁達，在那之前如果同性婚姻合法，他希望能和伴侶結婚，如果對方願意。

（編按：本文訪談時，正在衝刺婚姻平權法案，本文撰寫時間在訪談之後，也將之後梧桐參與運動的經歷寫入。）

撰文者簡介

同

一九六一年生，從小就知道自己喜歡女生，但也清楚自己會孤單一生，就把精力放在運動、旅遊及教會。

當別人因課業拿獎狀時，我也因愛國捐獻及熱心公益拿了不少獎狀。

二十幾年的教會生活只交了一個女朋友，因他要結婚，只好進入同志圈交朋友，那年我四十二歲（二〇〇三年）也正式參與同志運動。

二〇一〇年加入熱線，當時老同小組出了一本《彩虹熟年巴士》紀錄中老年男同志的生命故事，同志不是只有G，我也希望能記錄中老年女同志的生命故事，目前參與七次訪談，希望在人生的尾聲，可以拿到一張最有意義的獎狀。

（同的詳細故事，請見本書第235頁〈故事14同——讓以後的人可以不用再這麼費力〉）

魚玄

五年級中段班，文字工作者，曾於一九九〇年參與創辦第一個女同志團體「我們之間」，並於一九九四年發起創辦《女朋友》雙月刊；一九九五年在台北舉辦的「ＡＬＮ（亞洲女同性戀聯盟）大會」代表台灣進行 country report；一九九八年和齊天小勝代表「我們之間」到美國洛杉磯參與華人女同志大會和亞洲女同志會議。活躍於一九九〇年代同志運動，之後淡出同志運動圈，希望以不同的方式打破人與人之間的對立和隔閡。

認同女性主義，熱愛文學、創作、思考和自由。隨著年歲增長，漸漸地認為感情是很個人的事，不太想對其他人交代，雖然認知到社會結構的壓迫，但卻感到「衣櫃」無所不在，更在人心。深感「個人即政治」是不夠的，希望能更忠於自己，並且讓世界多一些愛，不論那份愛叫什麼名字。

對「熱線」的付出十分感佩，此次受同的熱情感動，接受邀約進行訪談和撰稿，略盡棉薄之力。

故事11　藍天——盡力演出最好的自己

撰文／魚玄

訪談／同、莊蕙綺、小小

訪談日期／二〇一三年八月二十三日

都說「人生如戲」，有的戲幽默逗趣引人發噱；有的戲氣勢磅礡讓人震撼；也有的戲是小清新，看了教人舒心。無論你喜不喜歡、願不願意，在真實的人生中，每個人總要站上舞台搬演屬於自己的這一齣，而偏偏這齣戲所座落的時空背景、家庭環境又絕非自己所能選擇，當時候到了，鑼鼓點敲落，芸芸眾生的我們都得粉墨登場，在有限的條件限制下，盡力去演出最好的自己。

藍天，是即將登場的主角。他出生、成長在台灣東部，民國五十年代的初始，一個物質普遍而言仍不豐裕的年代，但藍天的環境又更刻苦得多。他的原生家庭幾乎是他一生所認識的人之中最最貧窮的，曾經幹過碼頭工人的爸爸在他兩歲時在工地發生意外過世，屋漏總是偏逢連夜雨，他的母親同年喪夫喪子，還有八個小孩嗷嗷待哺。媽媽一個女人家為了餵飽這一群孩子，只得外出替人洗衣賺錢，回到家還要燒飯、照料家裡，辛苦可想而知。食指浩繁，一人一張口，在藍天的記憶裡，常常是一盤青菜端出來，馬上一掃而空，因為有五個男生哪！物質匱乏的狀態下，藍天仍感受到來自母親的親情，只是全家都靠他做工來養活，媽媽幾乎是「當成了男人」，也很少有時間在家，回想起來，藍天覺得自己的個性缺少溫柔，可能與媽媽從不曾呈現這一面有關。

或許這能解釋為什麼藍天總是被溫柔的女孩所吸引。國中、高中時期，藍天都曾跟個性溫柔、具關懷特質的女同學談戀愛，「高中時有個女朋友，有時會到他家過夜，第二天再一起上學。」雖然是沒有同志運動、連「同性戀」都未曾聽聞過的年代，但女生和女生之間相親相愛，彷彿是那樣自然而然。「同學，幾乎都是同學……」民國

六、七十年代，還沒有網路交友這回事，藍天的求學階段從國中、高中到大專，每一段和女生的戀情對象都是同學，圈子也都很小。

高中時的女朋友順利考上師大，北上讀書；而藍天的媽媽忽然生病，兄弟姊妹各自努力求存，但醫學知識不足，不懂如何照料媽媽，藍天正好準備重考，也同情媽媽辛苦了一輩子，好不容易子女大了卻生病，於是留在家鄉照顧，可惜無力回天，母親走完他辛苦的一生，五十多歲就離開人世。之後，藍天北上念大專，因天性追尋美，選讀了藝術科系，並且和高中時的學妹一起租房子。同樣來自花蓮的學妹成了他的伴，兩人同居相互照顧。說起這個伴，藍天說：「他的個性開朗，會唱歌，很吸引我，他的家庭健全、經濟很不錯。」

在那個沒有任何方式爭取女女相愛合法性的年代

藍天邊讀書邊戀愛，回想起甜蜜的過往，曾有一段時間藍天借住姊姊家，女朋友來找，兩人在房間親熱發出聲音，姊夫還爬高從氣窗往裡瞧，發現了妹妹的秘密，之後問他：「你們這樣是同性戀吧？」但也沒再多說什麼，「他們應該不知道要怎麼辦吧！」這段愛情持續了三年，直到對方結交男朋友才畫下句點。儘管學妹交男朋友的歷程並不順利，與男友很快分手，但藍天並未試圖挽回，「他是傳統家庭的那種女孩子嘛，就想說『我要交男朋友，我要嫁人啦！』對於這，我不會去強求，我覺得應該給他自由，讓他過快樂一點。」至於自己的失落和傷痛，藍天只能強迫自己接受，「他是走到正常的路上啊，我們沒什麼好講的，因為我們也沒有辦法給人家什麼。」

一九九〇年代，台灣的同志運動正式拉開序幕；二〇〇〇年，同志婚姻仍未排上運動的議程；二〇一五年，同志的婚姻平權運動如火如荼地引發討論，次年經過立法院外的攻防、集會造勢，總算順利將婚姻平權法案提送審查。然而，在藍天的青年時代，再怎麼纏綿悱惻、山盟海誓的愛戀，依然只能停留在兩人世界，現實的處境則有如小說《寂寞之井》[1]主角史蒂芬的吶喊一般，可說是手無寸鐵，沒有任何武器、任何方式能夠保護所愛的人或爭取女女相愛的合法性。藍天素樸的言語中反映的是直到一九八〇年代，仍普遍存在於T的心情和無力感，「在感情上，他給予我很多，也滿關心我，只是我們也沒辦法有什麼前途啊！」

對於女友離去，跟男人戀愛或結婚嫁人，藍天都被動地默默承受，「我不會想去把我的想法和感覺講出來，我認為如果他要那樣比較快樂，那就讓他去。」難道不會讓對方知道自己的苦？「不會，如果他是愛你的，他自然會知道；如果他已經要換對象，也就算了！就一個人慢慢生活過來這樣。」對他來說，人生本就無常，面對無常只能承受。過去的伴侶後來結婚、生小孩，藍天都不再與他們聯絡了，「我只覺得說不要去妨礙他，因為他的家人應該也知道我跟他的關係，他們希望他去結婚、有一個正常生活，認為那樣是好的，而且就像我說的，我也沒有把握我能夠給他什麼⋯⋯」

走入婚姻幾乎是那時女性的宿命，不少T也不例外，至於相親更是很普遍的經驗。藍天相親的故事聽起來有點烏龍和好笑，起因是認識對方的媽媽——家鄉的歐巴桑——介紹自己的兒子給藍天，那時他大專畢業一兩年，回花蓮時就約見了。對方騎了摩托車來，要到太魯閣，「可能是他太緊張了，我還沒坐穩，他竟然就騎走了，很正經八百地一直往前騎，我也不好意思一直叫他。」後來男方發現回頭來找，「他一直歹勢歹勢，那第一印象就不好嘛，覺得對方很粗心，我這麼重我又不是輕輕的蜻蜓點水的。我自己本身有一點粗心，可是沒那麼嚴重，再碰到一個更粗心的人，就沒辦法。」原本心想「反正就適婚年齡嘛，加減認識啊！」相親的結果不來電就作罷。

另一個彼此曾經通信，對方在養豬，「他那種，我不會講，你知道南部的男生都是很大男人主義，所以我也是不喜歡。」不過，真正影響藍天對婚姻的想法是他看見女人在婚姻中的角色是比較委屈和辛苦的，「我兩個姊妹的婚姻都不是很好。」藍天覺得：「女生在婚姻裡面是被操控的。比如說，他要跟你上床就上床，『你是我太太啊！』他要在外面花，他認為他很厲害啊，你能怎樣？你要離婚嗎？我覺得女生結婚是很可憐的。」

遇見生命中的貴人

和大專時的伴分手，再進入另一段愛情已經是十年之後了。一九九四年，《女朋友》雜誌創刊，直到網路普及、網路交友盛行之前，有幾年《女朋友》雜誌的筆友欄「放電小站」紅極一時，由雜誌義工代轉信件，安全、不會曝光，且收費非常低廉（每期只要一百元），提供許多女同志結交朋友的管道，藍天藉此認識了也是剛踏進圈子的莉莉。莉莉做事嚴謹有條不紊，細心、愛乾淨，讓一向隨性但也愛乾淨的藍天很欣賞，兩人交往了三年，直到莉莉喜歡上一個鐵T阿力，感情有些重疊，搬到台中，這段關係也就散了。後來莉莉遭遇阿力家暴，向藍天求助，但藍天餘怒未消，是後一任女友阿芬陪著藍天協助莉莉。阿芬原有諮商背景，他鼓勵莉莉走出家暴陰影重建生活，可見婆與婆之間也能相互支持和連結。

即將出場的阿芬，將扮演起藍天後來生命中貴人的角色。藍天在人生巔峰期和阿芬相戀，當時藍天有一個工作室接平面稿做設計，有車有房，而阿芬則處在一段糾結的愛情關係裡。阿芬遇到藍天像找到浮木有了情感慰藉，在一起將近八年，藍天接受了阿芬仍維持原有的那段感情關係。藍天和阿芬兩人有很多共同興趣，可以瘋狂下整天的棋、打羽球、看電影、遊山玩水、旅行吃美食，極為契合。阿芬的興趣廣泛、知性面吸引著藍天，但兩個人的性格落差大，阿芬容易有脾氣，狂風暴雨後立刻放晴，藍天卻需要時間消化和沉澱。藍天雖然接受阿芬先前的另一段關係，但是當阿芬要轉換關係，受另一個女人吸引時，藍天選擇結束。然而他和阿芬的情義卻愈彌堅，當藍天決定搬回故鄉花蓮，是阿芬協助藍天處理和規畫財務，並且給他生活上許多重要的建議，使藍天在購屋賣屋轉手間獲利，存下退休養老的本，但這筆錢他慷慨地送給三哥又捐給家扶中心（感念家扶中心曾在他小時候認養他），所餘不多，也讓後來真正照顧他的小妹氣到不行。

返鄉花蓮，變成人生的分水嶺

話說藍天在大專畢業後，擔任雜誌美術編輯多年，但隨著這一行愈來愈電腦化，技術日新月異，藍天沒有及時銜接上，難以繼續在這一行生存；加上藍天個性嚮往自由，不喜受約束，也是後來他選擇離開職場開計程車的原因之一。「你要出國就出國，不用請假，不用怕考績什麼的，又可以賺錢，」藍天說，「我喜歡開計程車。」這一開，開了十幾年，期間藍天也常參與同志團體舉辦的活動，聽講座……等。更早，一九九六年，「亞洲女同性戀聯盟大會」（ＡＬＮ）[2]在台灣召開，藍天曾躬逢其盛參與其中，至今說起「ＡＬＮ—台北」，他仍津津樂道，「那時候，在烏來的山莊……」是啊，那時候是女同志運動風起雲湧的年代。樂天、隨和又有正義感的藍天，曾經歷那美好的年代，走出過往感情封閉的小圈子，在台北參與了同志運動熱烈的氛圍，結交了一些朋友。

一九九〇年代的台北，除了同志運動崛起，早些年興起的T吧也很蓬勃，除了林森北路的卡拉ＯＫ型Ｔ吧之外，東區、火車站、公館也前後出現了不同風格的女同志休閒聚會的店，有喝酒的pub、有Disco舞廳。藍天記憶較深的是火車站附近（博愛路上）的Bon，這家是卡拉ＯＫ式的Ｔ吧，是《女朋友》雜誌創刊後幾年才設立的店，經常在《女朋友》刊登廣告，跟早期林森北路的Ｔ吧要有熟人帶路、按電鈴報暗號的很不同。在這裡Ｔ婆的分野不再那麼絕對，但藍天也碰過幾個鐵Ｔ，穿西裝打領帶，很男人的樣子。說起圈內生態，藍天感覺現在純的Ｔ吧「年齡層偏低，走進去就覺得很吵！」至於適合Uncle級的吧為了生存大都多元經營，也開放外客，不是純粹的Ｔ吧。

隨著年齡漸長，沒有了愛情的羈絆，藍天興起落葉歸根的渴望，也考慮到生活用度能夠節儉些，八年前他搬回花蓮定居。頭兩年仍以計程車為業，後來在浴室跌倒，檢查結果發現小腦有萎縮症狀，腳無力，有段時間必須坐輪椅，還好妹妹退休陪他去醫院做復健才改善。因家族遺傳的體質，開計程車變得有風險，藍天提早進入了退休狀態，「每天睡飽飽，固定作息、沒有壓力的生活」，妹妹會帶藍天去朝山、參加法會。

訪談之後，民國一〇三年藍天生病，則是阿芬在旁照顧。最近一兩年，藍天退化得更厲害，很多事都不記得，必須由阿芬代為回答。阿芬認為：「回花蓮是藍天人生的分界點，他的身體狀況退化得很快，離開台北之後，他的人際圈萎縮、支持網絡薄弱，沒網路、沒電腦，加上退化已經學不會，雖有智慧型手機也不會用，LINE 也不通。」阿芬感嘆：「台北、花蓮兩個世界，雖然藍天常說是落葉歸根，但其實他變成斷線的風箏，一個人，找不到同伴，跟從前那個參加團體當志工、開朗而談笑風生的藍天，判若兩人。」

二〇一六年十月，阿芬為了幫藍天慶生，特別邀約幾個多年老友到台北的餐廳聚餐，結果藍天卻在台北車站迷了路，手機也連繫不上，「他不太會用手機的！」焦急的阿芬趕回住處，在巷口的便利商店找到藍天，「因為他記得這裡，以前我們都約在這裡。」幾番折騰，終於在餐廳團聚時，藍天笑得燦爛，像個孩子，看到老朋友特別開心。目前處於失智症第二期，藍天出門通常是妹妹陪著，但長期照顧，妹妹的壓力大，姊妹間的張力難免增強；到台北一趟，阿芬戲稱需要「接駁」，都要一站一站安排好，若有閃失就難保不會像生日這次發生漏接。當著朋友們的面，藍天對曾是親密愛人的阿芬說出心聲：「你人很好、很大方，是我的好朋友。」阿芬則細數曾經多才多藝的藍天：國中時擔任合唱團指揮、班長，還常常畫漫畫送同學，同學們圍著他要討畫；「二十年前他的字寫得遒勁有力，像刻鋼板一樣，非常工整，後來扭傷就沒辦法。仍魚雁往返的多年筆友，就發現藍天寫的字疊在一起，即使寄有格的稿紙給他，仍是寫不穩。」

藍天這些年常說寂寞，很多朋友都散掉了。他喜歡到台北找阿芬，但阿芬感到要陪伴藍天已經愈來愈辛苦，他既感慨卻也無奈：「曾經是很好的朋友，現在卻無法你來我往，只能單向，生活沒有交集，能做的有限。」

「祝你生日快樂！祝你生日快樂！」二〇一六年秋，藍天在幾個老友陪伴下，開心地度過他的五十五歲生日，他孩子氣的笑在臉上顯得無憂。憂愁的是身旁的朋友們，他們不知道這小小的燭光能延續多久的溫暖，能為生命的秋日驅走多少寒冷？

1《寂寞之井》（*The Well of Loneliness*）是一九二八年出版的女同志經典小說，英國作家瑞克里芙．霍爾（Radclyffe Hall）所著，女書文化（二〇〇〇）、麥田出版（二〇一三）曾中譯出版。

2 ALN（Asian Lesbian Network 亞洲女同性戀聯盟）：一九九〇年六月「我們之間」成為ALN之一員，十月派員參加於泰國曼谷舉行的第一屆ALN大會。一九九五年八月第三屆亞洲女同性戀聯盟大會在台北召開，共有九個國家、一百四十多位女同志參加盛會。是台灣第一次舉辦國際性的同志聯誼和研討活動。

故事12　邑——家不是一只大櫃子：邑的認同之路

撰文／凱

訪談／凱、莊蕙綺、喬伊、阿毛

訪談日期／二〇一六年六月五日

「當你讓你的家裡認同的時候，你就不會在意別人的眼光了。」邑說。

邑，女性，民國五十年出生，嘉義人，留著清爽整齊的小平頭，皮膚白皙，看得出保養有方。受訪當天，我們約在西門町年輕人愛去的飲料店，人聲鼎沸，音樂咚次咚次敲擊著耳膜，每桌都在高分貝交談嘻笑，他倒看來一派輕鬆，因為西門町是他的地盤，長久以來工作的地方。邑在西門町經營服裝出租店，也在台北置產和女友同住，更正確地來說，是和女友一家子同住。邑自己沒結婚，卻有人喚他叫婆婆，因為女友曾經結婚生子，連小孫子也有了。祖孫三代多元成家，邑過著看似理所當然的幸福生活，很難想像他早年的情路走得十分辛苦。

邑交往過四任女友，每一任的交往時間大約七、八年。站在此刻回望過去，不免讓人驚呼緣分就是這麼奇妙，現任女友是高一時的暗戀對象，經過幾次情感轉移，有緣分的人最終還是會走到一起。邑說現任女友，是他第一次發現自己喜歡同性的情感起點，在對女友心動之前，都只是單純喜歡和女生相處，並沒有特別想交往的念頭。

話雖如此，邑在當時並沒有把這份特殊的情感告訴對方，只在心裡單戀著。把時間往回撥個三、四十年，那個年代的女同志沒有特別的親密關係認知，經常只是因為親近所以走到一起；相對的，一旦失去聯絡，大概也很難再重新找回。託命運之神的眷顧，當時因轉學而錯失的紅線，現在又重新握在邑的手中。

不過，我們且先擱下這段情緣不說，真要講邑的第一任女友，還另有其人，而且成就了邑真正出櫃的契機。

他們從來沒找我談過

當時邑是高二的學生，打扮還是女生樣，白天在父母熟人開的戲服出租店打工兼職，晚上讀夜校認識了同校的女友。當時的學校不像現在開設性平教育、人權教育之類的課程，邑也沒有女同志的自我認同意識。因此在訪談中，邑總不稱身邊的愛侶為「女友」，而是說「我朋友」。兩人沒有誰先開口說要跟對方在一起，只是很自然的就牽手，時間久了，學校裡比較要好的同學，也都知道兩人的關係。

白天沒排班時，女友會到學校宿舍找邑，一間宿舍原本可住八個人，但是當時只有邑一個人住，宿舍自然成了最佳的兩人世界，其他想像空間請大家自己發揮。總之，兩人同睡一張床的情況，直到有次教官查房才被發現。當時的教官顯然也不太知道要如何處理，只以「外人不可進入宿舍」為由，禁止了女友的拜訪。學校的老師也發現兩人關係匪淺，也是只以「影響課業」為由，反對兩人持續往來，卻沒有針對情感的問題真正和邑對談。

儘管被禁止交往，熱戀中的情侶互動是很難隱瞞的。女友經常到上班地方探班，邑也為了多花點時間陪女友，白天的工作開始受到影響，請假的次數多了，老闆便把邑的情況告訴了父母，說邑正在跟女生交往。邑的父母反應就跟教官、老師一樣，沒說什麼，只要他「好好上班」。

當時女友上大夜班，邑總負責接送女友到家；後來，乾脆搬進女友家住。對方父母也沒有反對，或許當作兩人是一般同學關係，對邑其實還不錯。幸福的時光一直維持到畢業時刻到來，邑需要用錢於是向家裡借支，邑的父母終於打破沉默，要他停止兩人的交往。邑的個性好強，不願屈服，非但沒有答應分手，還轉而到女友家經營的餐廳打工。

父母想用經濟取得主導權的計畫失敗，短時間內雖然影響不了邑，但是時日一久，邑終究還是得向現實低頭。因為寄宿打工並不支薪，沒有了收入，生活花費都得問女友拿。後來，女友在外打工跟公司老闆開始交往，這段關係也被迫畫下句點。沒了留下來的理由，邑只好搬回嘉義老家。

在那個年代，單身女性的求職機會本來就比男性少，傳統觀念裡，因為「嫁錯郎」是女生的憂慮，男性才要擔心「入錯行」。女性到了一定的年齡，沒有對象就會被家中安排相親，男女關係的發展被明確指向了婚姻，每個人不由分說走進這規畫好的框架，只有極少數人可以跳脫。更遑論女生賺錢養活另一半，即便到了今日，還是沒有多少人可以接受。

再看到同志關係，在當時既沒有任何意識或是認同去解釋這樣的情感，兩個女生在一起無法稱得上是一對，沒有誰能對誰承諾，也不知道可以承諾，如何能想像婚姻關係與權利。邑只說，婚姻如果是對方要的，他會放手。

至於他自己與婚姻最近的距離，當屬三十歲時無例外地被父母要求相親。邑選擇直白地反駁，他可以路上隨便找人結婚，但幸福與否父母能承擔嗎？邑說：「他們（父母）從來沒找我談過（同性戀），但是我分手他們都知道。我媽說分得好，我媽說那個不好。然後又換一個，又分了。」雖說父母後來不再追問情感狀態，但是真正原因會否是邑證明了自己經濟獨立，不用靠男性生活，從接下來的故事也許可以推敲二。

我把自己關在我的公司

邑的第二任女友是香港人，跟著養母來台投靠朋友，卻經常被養母打到要戴墨鏡掩飾傷痕，說起來處境十分堪憐。邑和女友認識於工作場合，緣分也從工作店面開始。有次女友值班遇上當時的黨外[1]激烈抗爭，店外道路被封閉，現場一片混亂，人生地不熟的女友打電話向邑求救，邑特地回店裡來帶路，宛如英雄救美般的情節讓兩人產生了情愫。

當時，邑已經在嘉義待了一年，重新回到台北老東家繼續打工。迎接嶄新生活，邑開始跟女友、女友養母同住。經過七年的時間，邑從打工族變成創業者；這時的邑已經認識更多的同志朋友，經常一票人出去玩耍。邑形容當時他的社交環境，常和一群朋友出入踢吧（T bar），其中最常去的踢吧位於林森北路，叫做「新世代閣樓」，客源都是以熟人帶熟人的方式互相介紹。有趣的是當時踢吧的公關有踢也有gay，就是沒有婆。經營的形態以卡拉ＯＫ唱歌，消費酒精飲料為主。

有次一群人唱歌，邑打算走了，女友卻表示想跟朋友繼續留下來，邑才驚覺女友和朋友在搞曖昧。這位舊識也有出錢投資邑的生意，只是原本志同道合一起打拚的理想願景，卻在朋友失戀之後鬧出這段曖昧而面臨考驗。最後，朋友退股，女友也搬離住處，情感狀態再度歸零。

面對女友劈腿的挫折，邑選擇把自己關在公司消化情緒，而不是跟其他的踢朋友一起去喝酒。儘管我們在訪談中不斷問他如何消化情緒，邑還是很理性的回答，兩人年紀相差十二歲，都是很年輕的時候就認識了，當時他二十五歲，女友十三歲，前後相處十多年，所以就算分手了還是帶有親情。時移事往，現在三人的關係已破冰，女友早已結婚生子，另有歸屬了。

處理情感傷痛不是一件容易的事，許多的踢們泰半無法展現自己的軟弱，不能放聲大哭，必須用隱藏的方式來掩飾自己的挫折，選擇如此男性化的情感處理模式實在太逞強了（即便是男性，也有哭的權利啊）。也許我們該對踢們說，好好地哭個痛快吧！因為每個人（不分性別）都該被允許展現脆弱的一面，哭著哭著發洩出來，也許就會覺得沒那麼痛了呢？

我還認定他，是我一輩子要走這條路的

如果每一場分離都是為了迎接下一段相遇，那麼讓我們把時光向前推進一些，來見過邑的第三任女友。如先前提過的，當時踢吧並不常出現婆的蹤影（有的話都是隨伴出席）。所以想交新女友，勤跑踢吧是沒用的。邑的第三任女友，反而是在 gay 吧認識的。

初次認識時，邑已經三十五歲，而對方也已婚有孩子，因為老公偷腥而離婚。起初邑認為對方結過婚，並未想到發展的可能，反倒是對方很主動邀請邑到家裡作客，兩人後來發生了關係，便開始交往。邑說，性格最合得來的就屬這任女友，對方個性

愛乾淨，會將家裡整理得井然有序，再加上兩人總是有很多話可以聊，所以邑本想兩人可以走一輩子。

確實兩人交往時間長達十幾年，對許多現代拉子情侶來說已經像一生一世那樣長了吧！過往社交管道透過人際相處慢慢建立，到了網路時代，線上交友快速又熱烈的侵門踏戶登堂入室，為邑的感情世界帶來衝擊。邑並沒有多說為什麼兩個人的生活後來漸行漸遠，只提到第三任女友因為網路交友認識了一位年輕男性，開始讓關係產生罅隙。

讓我們不解的是，難道柴米油鹽的日常生活，真能把情感的直覺都封印了嗎？邑和女友一同住在自己板橋的房子，朝夕相處的兩人卻沒有發現異狀，邑說他還接受對方到店裡無償幫忙，最後紙包不住火，經營十幾年的情感又一次走到分手結尾。

這次，年逾四十歲的邑不再上踢吧或 gay 吧了，他說店裡有些年輕小踢會找他去夜店，他卻覺得自己格格不入。也有人教他上網，試著透過網路認識新朋友，可是聊天室的形態令他無法投入，常被問起年紀也令人困擾。嶄新的社交世界對他來說，除了打發時間之外，也沒有其他可以投入的了。其實邑並非個案，拉子經常投入兩人世界，等到關係瓦解之後重新回歸，社交圈卻不像從前那樣熟悉了。

他們家也到我們家去，我們家也到他們家去

既然無從擁抱年輕世代的社交圈，邑的現任女友既不是社交場合認識，也非工作環境認識，而是先前橫刀奪愛的那位踢朋友牽線引見，讓邑與高一暗戀的對象重新相遇。因為大家本來就是同學舊識，原始的人際脈絡有時一通電話比交友app還要給力。只是人生繞了一大圈，各自的身上都已長出不同的紋路和記憶。兩人再次見面時，邑年近半百，對方已是喪夫的狀態，育有三個孩子，最小的女兒正在就讀國中。

一開始交往初期受到女友二姊的反對，甚至召開家庭會議討論，兩人世界行不行還要由家族來決定。其實在那之前邑早已打點好女友的孩子們，也帶女友回家吃飯過，點滴用心最後總算獲得女友家人認同，交往至今已經五、六年，兩家人中秋節烤

肉還會聚在一起，與一般家庭並沒有什麼不同。

現在邑的父母年事已高，需要兒女照顧，邑和其他兄弟姊妹每半個月輪流回嘉義探望。女友的孩子們搬回女友原先的基隆住處，邑經常三地跑來跑去，週末時一家人才會齊聚板橋居所。面對中壯年會遇到的問題，邑與一般人也沒有什麼不同。

邑說，老後就是以房養老，其他並不用想太多，自己若真有什麼，就是看誰對他比較好，留一筆遺產之外，其他都捐出去，十分豁達的看待自己生死。邑跟女友的小孩也不是以長輩的方式互動，而是嬉笑輕鬆的方式相處。他說不在乎老後有沒有小孩，死後火化也就隨便後輩處理，對於落葉歸根沒有特別執念；之所以重視家庭互動並不為養老，而是要讓家人接受光明正大在一起的關係。當你讓你的家裡認同的時候，你就不會在意別人的眼光了，邑這樣說。

邑也坦言，他還是很想多認識一些朋友，可以陪他去哪裡走走看看。他也期待熱線的熟年相關活動，能夠提供中高年齡層的同志一個交流的空間。說起來邑現在需要的是更多社交機會，他選擇入世而非躲在櫃內。

其實，邑能坦蕩的堅持自己的情感樣貌，真實地呈現在家人和外人面前，是他隨著時間推移不停累積經濟基礎、自主意識，努力拓展出的呼吸空間。即便到了今日環境，出櫃的自由尚無法輕易的在每個同志身上實踐，關係中的不被認可和弱勢歧視也始終未能平反。或許邑的故事提醒了我們追求自由的同時，除了期待大環境給予我們婚姻平權和情感保障，同樣值得追求的還有在生活上真正的自立，找到忠於自我無畏無懼的認同力量呢！

撰文者簡介

凱

參與老年女同志生命訪談是好多年的心願，書寫則是為了記錄，記下時代與同志的悲歡脈絡。每當翻閱這本書，都希望能回望我們的歷史，以及那些真實存在的人物，更加珍惜我們得來不易的一切。

1台灣宣布解嚴是在一九八七年，戒嚴時代禁止組黨。民進黨在一九八六年正式組黨前，反對勢力泛稱「黨外」。

故事13　老骨頭——走出帥T、美婆的迷思

撰文／韋樺、柚子
訪談／韋樺、柚子、同、莊蕙綺
訪談日期／二〇一六年十月十五日

我們一群人圍坐著，環著整牆書的客廳似乎隱隱地暗示了房屋主人的故事。柔和的燈光下，身形瘦小卻顯得異常堅毅的他，熱情地為我們斟來些水和餅乾。「希望在書裡叫什麼名字呢？」他略想了一兩秒，笑了笑地回答：「就叫我老骨頭吧！」看著我們開啟錄音筆，他像是準備充足了一般、用著充沛的聲音侃侃而談起自己的過往。

開端：中國《性史》與美國電影

老骨頭一九六一年出生於大稻埕茶商家庭，父親從商、經常出國，母親是縫紉老師。當時的大稻埕可說是黃金時期，由於擁有相對完整的基礎建設與政策規畫，不僅居住人口密集、商業發展蓬勃，無論是已有基礎的茶葉貿易、還是剛起步不久的紡織輕工業，皆由此發跡。在那個正值台灣經濟穩定起飛的年代裡，老骨頭的家庭背景不僅得天獨厚，也提供與造就了他往後尋找自我的基礎。

在當時重男輕女的氛圍之中，老骨頭不受拘束的個性經常為傳統的母親所譴責，然而經商的父親卻獨樹一格、鼓勵他勇於追求知識。對知識的渴望，讓逛書局成為他日常的嗜好，架上一本張競生的《性史》吸引了他的目光。這本《性史》出版於一九二六年的中國，徵件搜集了當時各種有關性欲的故事，內容涵蓋自慰、偷情、偷窺、同性戀等，足足早了美國學者所寫的《金賽性學報告》至少二十年，一度成為盜版猖獗度最高的禁書，依照時間推測，應是國民黨來台時期被一併帶來。儘管當時年僅十三歲的老骨頭並沒有將書帶回細讀，這一個個關於性的故事，仍然深深刻印在他內心當中。

差不多也是這個年歲，他開啟了純純的戀愛——兩個年少的情人如膠似漆、在同學的耳語中度過五年的歲月，他頻繁帶回家的他，也讓母親起了疑心，那些身旁的指指點點，讓老骨頭逐漸對這段情感產生了疑問。一九八〇年代，先前美國援助所帶來的西方文化逐漸在台灣社會長出新的模樣，電影也不再以新聞片與政治宣傳片為主，而有了更為多樣的影像經驗與意義。彼時，兩個花樣年華的高中女孩相約去看了場電影，銀幕上出現了「同性戀」、「雞姦」之類的字眼，老骨頭說：「我後來回去之後問他『我們會不會也是？』」這個疑問，也漸漸在現實生活裡變得明顯，身旁的女孩子們開始交起男朋友，就連這段關係也在對方轉而與男性交往中結束，老骨頭不願再想、選擇把自己泡進書堆。

啟蒙：「搓角度」與《中國人的同性戀》

但當大學畢業，有了實習機會、而後也在大專學校裡當起了輔導老師，那個懸而未決的疑問變得越來越迫切——身旁的女性同事們要不是結了婚的，要不就是開始論及婚嫁。老骨頭開始試著與男性交往，關係是真誠的，但在性關係方面卻是無比掙扎，「我真的沒有辦法，我才知道我真的只喜歡女生。」三年後，他們分手了，老骨頭三十歲，時值一九九二年，台灣社會正處於解嚴後、原先被迫地下化的社會運動組織正如雨後春筍般冒出的時期，一九八〇年代初期即出現的婦女新知[1]，也在此時從出版社轉為基金會，開啟了往後一連串女性主義的革命浪潮，各種性別意識與女權抗爭逐步在街頭上、書本上、報紙上前仆後繼地實踐著。

也許是在輔導工作上的接觸，也或許是在報紙上看見了婦女新知的訊息，當年的老骨頭在這樣的社會環境裡，銜著對於知識的渴求與自我的猶疑，結識了這群熱衷於女性主義的知識分子，他開始參與一九八九年自婦女新知編輯義工們獨立而起的「搓角度」讀書會[2]。讀書會組成多半是高知識分子女性，不僅串聯了隨解嚴開放而出現的大學女性研究社團，也滋養了新一波的女性主義者。讀書會的閱讀清單裡，其中一本《中國人的同性戀》[3]在一九九一年由張老師出版社發行，為台灣第一本同志生命故事的書籍，對老骨頭而言，這本書的出現，彷彿終於給了當年的他一個答案。

出櫃：「我們之間」與《女朋友》

老骨頭開始轉而參與「我們之間」[4]——一九九〇年台灣第一個正式成立的女同性戀團體。有趣的是，當時的老骨頭依著自己過往戀情與性格，將自己識別為T，按圖索驥地找到當年林森北路上有名的一家T吧，自己一個人單槍匹馬地踏了進去，卻得到「你一點都沒有T味」的回應。「T味是什麼啦……」我們這一旁的聽眾都大笑起來，他笑著接續道：「那時追求一個婆也是這樣，對方拍拍我的女用皮包和飄飄裙，調侃說：『你追我？我們同一國欸！』」因著這個自身經驗，在一九九四年「我們之間」開始發行《女朋友》雜誌雙月刊之際，作為義工的老骨頭便寫下了〈走出帥T、美婆的迷思〉5一文，他頗為自豪的表示，在當時可是受到熱烈的迴響呢。事實上，這某種程度也承接了當年女性主義對T吧如此區分T婆的批判，「讀書人」與「混T吧的」，正各自摸索著、碰撞著成長。而這一年，不僅僅是老骨頭正視並書寫了自身「T中有婆，婆中有T」的女同志情欲、在圈內正式結交第一任女友，也終於向家人出櫃。

《女朋友》雜誌並不是只有期刊出版，也會舉辦各式各樣的活動，老骨頭當時也擔任對外窗口，負責與寫信來的朋友們以書信來往。他那時還住在兄嫂家裡，一封署名著給他的信被侄女看見，旋即，長年懷疑著的母親拿著物證質問，老骨頭鼓起勇氣，就此攤牌。父母無法接受，拉著他的哥哥嫂嫂輪番上陣，又是苦勸、又是施壓，中間甚至被安排了幾次相親，有一次幾乎都選定了訂婚與結婚日期——沒想到男方母親排生辰八字排到了「剋夫」，無疾而終的結果也讓他鬆了口氣。不過這段期間，老骨頭坦承道「也還是有萌生再去試試看跟男性交往的念頭，要不然找個男同志結婚也行」。

但也只是一次又一次，確認了自己真的「就是愛女生啊」、「沒有辦法跟不愛的人共度一生」。那個一直以來鼓勵女兒追求知識的父親，大概看也沒有其他辦法，在老骨頭不顧一切搬出家裡之後沒多久，便寫了信表示祝福。

出櫃後幾年，接連結交了第二任與第三任女友，兩人都是通過《女朋友》的筆友與活動所認識的，而兩段關係也重疊了將近七年。談起這段複雜的情感，老骨頭直言那段時間是自己的「黑暗時期」。第二任女友與他相當契合，「是我最愛、但卻也傷我最深的」，對方與前任女友長期的分合使他經常陷入情緒裡——直到第三任女友的出現，彷彿自己也這樣承擔著兩份愛情，會讓自己好過一些，「而且他們知道彼此的存在，有時候我生病了他無法陪我，還會請另一個他來照顧。」老骨頭說：「這是我自己覺得對他們比較坦然的地方，但是他（第二任）卻不是這樣對我……」終於，民國八十六年他放掉了與第二任的情感，四年後，與第三任的愛情也戛然而止。

老年：現在與往後

但是愛情的結束，並沒有截斷他們的朋友關係。他們依然關心彼此、保持著聯繫，然而第二任女友在今年離世，老骨頭既沒有什麼理由可以參加他的喪禮，甚至也被當時還在病房裡的他拒絕探望，因為「前女友」的身分總是太過敏感，病床上的他向現任女友隱瞞了兩人持續聯繫的事情。談及此，老骨頭原先充沛的聲音整個緩了下來，他盯著桌子中央、黯然說道：「其實，我最好的朋友也是今年過世……」這個最好的朋友，是他大學時期結交的異性戀女性好友，結識三十年以來，從老骨頭還沒進入圈內、到歷經了這幾任女友的感情，所有的心事都是與這個朋友分享，但是他在近年因病加入教會成為基督徒之後，卻開始無法接受老骨頭的同志身分。老骨頭此時整個臉都暗了下來，他淡淡地說，某次去探望對方、自己對他如此說道：「我覺得以前的你還比較像基督徒，因為我一直覺得基督徒是有愛的，正如你過去愛我一般，但是當你成為基督徒之後，卻反而沒有愛了。」至此之後，他們就再也沒有談起這件事。

沒有了可以說出口談心的對象，兩段曾經是最親密的友情與愛情，幾乎是殘忍地選在今年天人永隔。然而即便他們未被生死的界線區隔開來，世俗的種種也將他們層層推離老骨頭的身旁——一層是宗教信仰，另一層則是無法被給予的關係定位。

現在的他，仍然持續著自己的興趣：打球、唱歌、還有讀書，日子充實。我們問起對老年生活的想像，老骨頭說自覺經濟上還可以支撐自己，但「怕的是孤獨感吧」。至今已單身五年的他，仍然希望有個伴在身旁，但是年齡似乎還是影響到了找伴的可能，自己在網路交友群體裡顯得格格不入，「而且好像也越來越不太能容忍與人的磨合呢」。頓了頓、我隨著他的視線看向客廳裡那組看來滿齊全的音響設備，他彷彿有點泰然地接續說道：「所以呢，我現在比較少在圈內了，都找一些年齡相仿的異性戀來家裡唱唱歌，話題比較接近、排遣一下也不錯。」他又再頓了頓，好像想到了什麼一樣，原先充滿朝氣的笑容又漸漸浮出：「欸你們下次也來我家唱歌啊，如何？一定要來喔！」好、好、好，我們此起彼落地開心應聲。

離開前，我望向他身後一櫃櫃累積大半輩子的書，那造就多少女性主義生命的文字，也牽動而乘載著他的人生。老骨頭小小的身軀站在龐大的知識面前，那滿懷著不顧一切的熱愛，我想，也從未停滯。

撰文者簡介

韋樺

比起說話、更擅於寫字的研究生，懷抱著理解那個年代、理解不同關係實踐的渴望進入老同小組，而後在摸索的路上，發現自己從未孤單。

柚子

上了大一後，開始覺醒自我性向的認同，非常順利地接受自己，也陸續順利跟家人朋友出櫃。大一也開始參加同志社團，一路上，一直不斷的參加社群內的各種活動，諸如NULA（北區大專院校女同志社團聯盟，North University Lesbian Association）、GLAD（校園同志甦醒日，Gay & Lesbian Awakening Days）、同玩節、台北同志遊行、熱線晚會，也漸漸擴展到國外參加東京同志遊行、韓國首爾同志遊行，希望能夠持續參與更多不同的國家的同志社群和活動，把全世界的性少數族群都可以串聯起來，都能夠享有一樣的權利。

1「婦女新知」於一九八二年成立，由一群女性知識分子所組成，主要創辦與參與者有李元貞、劉毓秀、尤美女等人，是台灣第一個打出女性主義名號的人民團體。他們定期出版刊物、也舉辦許多活動，由於在國民黨戒嚴時期的反動色彩並不明顯，使其能在極權政權下勉強存活。直至解嚴開放，始而立案為基金會。

2「𢰇角度讀書會」自婦女新知編輯義工獨立而出，根據一九九一年三月《婦女新知》雜誌的一篇專題文章〈一個女人組織的成長—回顧𢰇角度〉，起名意義來自於女性視角經常被視為是「歪」的，而據何春蕤等人（二〇〇五）〈近年台灣重大性／別事件〉，手字旁的增添表示「搞歪」的動作——表示企圖在現有思考方式之外另闢蹊徑，參與者像是丁乃非、王蘋、鄭美里等人，並孕育了像當時還是學生的張娟芬等人。他們定期聚會閱讀女性主義的經典文章，並且重視呈現情欲的多種面貌。

3《中國人的同性戀》為第一本探討台灣同性戀的專書，當時也被譽為「同性戀聖經」。書名所寫上的「中國人」是當時社會氛圍下的產物，「台灣」這幾個字政治牽動極為敏感，相關政策也不勝枚數（例如禁止講台語或其他方言）。

4「我們之間」成立於一九九〇年，為台灣第一個正式的女同志組織。根據魚玄（二〇〇二）〈從運動團體到成長之路〉，曾參與其中的女同志超過四千人。而《女朋友》為旗下出版的雙月刊雜誌，於一九九四年創刊、共發行三十五期，根據蔡雨辰（二〇一七）〈女同志們的集體創作——重訪《女朋友》雜誌〉，該期刊內容皆以義工編採為主，在編制上並無固定的成員。

5〈走出帥T、美婆的迷思〉：「原本以為終於有個身分可以認同，然而，反而事與願違、更加身分混淆，自我的面貌一下子模糊起來了，鏡頭下原本以為已經對焦了，那焦點突然地走樣，原來自己眼中的我和他人眼中的我，是如此懸殊的差隔，這個差距到底在哪裡？真正的我到底要如何定位呢？……現在如果有人再問我：『你是T？還是婆？』我則反問：『你認為呢？』由自己的『我』的位置主動出擊，轉換思考別人如何看待他們眼中的我，而不論別人將我放置於T或婆。……如今的我，期許自己朝向一個剛柔並濟、內圓外方、兩性特質整全共融的中性人去發展，如此方能打破那僵化的性別格局與框架。……這是一個豐富完整的兩性世界、無性別國界，男人中自有女人、女人中自有男人，T中有婆、婆中有T，兩性特點相互圓融，彼此成長為完整而豐富的人。」（摘錄自老骨頭昔日作品〈走出帥T、美婆的迷思〉）

故事14 同——讓以後的人可以不用再這麼費力

訪談、撰文／喀飛

訪談日期／二〇一九年四月四日

「來拍照！」不論是熱線的活動、工作會議、聚餐場合、私人活動，都會看到同熱情拉著人拍照合影。如果未來寫回憶錄缺照片，同的相片資料庫一定可以找到我近十年的照片。不只是我、熱線其他朋友，還有同的各路友人也是吧！數位時代人手一支智慧手機，拍照宛如呼吸空氣，一點也不稀奇，大部分的人是為了秀自己，或是工作紀錄，同拍照卻是表達他對朋友的重視和友誼，他的好人緣在個人臉書牆上一覽無遺。

一九六一年出生的同，是家中長女，還有三個弟弟。他記憶中對女生好，可以回溯到念幼稚園喜歡逗女同學，故意讓他從翹翹板掉下來，小朋友懵懵懂懂用這方法吸引對方注意。小學三年級，班上有位女孩讓他想陪他上學，小心翼翼隱藏著喜歡，不敢讓對方知道，更怕其他人發現會嘲笑。

他說自己童年很好動，平時玩伴都是男生，不同於傳統文靜女孩打扮。這些記憶發生的場景是一九七〇年、近半世紀前的台灣社會，當時同性戀還是社會禁忌。

對感情的態度慎重

念高職時，除了軍訓課不得不穿裙子，他都盡量穿褲子。他努力隱藏和同學的不同，平常很乖得老師疼愛，和全班同學感情好，倒也沒遇到什麼被排斥的事。同學之間愛開玩笑，鬧著說哪個女生是他大老婆、二老婆、三老婆，喜歡同性的事不能明白說，只有偷渡的小樂趣。最直接的一次是，有位女同學竟然把東西放胸罩內，故意叫他伸手去拿。大剌剌地挑逗，讓他非常害羞。

後來「二老婆」血癌末期住院，家人感嘆年紀輕輕沒結婚，往生怕是進不了家祠，只能奉伺在姑娘廟。沒想到「二老婆」安慰家人說，「有啊，我已經結婚了。」他姊姊把這些告訴同，讓他非常震驚。原以為只是同學間鬧著玩，對方卻當成認真的事。他開始覺得，「關係」的事不能開玩笑，認定了才能說，說了就是要「負責任」。這想法，影響他後來對感情慎重的態度，關係中也從不會主動提分手。

到了三十二歲同才有第一段感情。社團裡因緣際會和一位小他很多歲的女孩有較多互動，幫忙搬家、幫忙留意工作機會，漸有好感，日久生情。一次外宿活動中，一群女生睡通鋪，女孩就睡旁邊，夜裡他輾轉難眠，有股無法壓抑的衝動，很想親他，卻怕被發現、怕他醒來，衝動與害怕激烈交戰。最後親到了，一早醒來卻擔心他的反應、不知道對方是否能接受。女孩說他做了一個夢，同當時一邊聽一邊心跳加速，「我夢見我掉到海裡，是你救了我！」後來，兩人真的「在一起」，有段時間也住一起，彼此相伴了十年。但是他們相識的團體非常保守，擔心被排斥，他們「在一起」的事沒有其他人知道。

因為道德壓力，在性方面兩人過著很壓抑的生活，也不把愛掛嘴上，不談論彼此關係。女友不敵社會壓力，後來選擇走入婚姻離他而去。他也離開了這個待了非常多年的團體。過了十年，他向幾個當時在團體中一起長大的好友出櫃，他們才坦承當年就知道，但因為團體保守的氛圍，同志成為一件「不能說的秘密」。

在這之前，同和同志社群沒有什麼連結，女友之外，唯一認識的LGBT朋友，是公司裡大他十歲的一位gay。在二十多歲（約一九八八年）時，gay同事帶路，去過一家民權東路新生北路口的T吧，也去過一家中山北路南京東路口地下室的gay吧。當時的同志酒吧都是「tshai罐」[1]，喝著啤酒、紅酒、威士忌，也可以唱歌。這些在當時僅有的同志空間，對寡言的同來說，並沒有成為他生活的一部分。

四十二歲和女友分手後，他決定要學上網、尋找其他女同志蹤跡。不懂電腦的同，拿著弟弟工作用的麥金塔電腦在網路上搜尋「女同志」，找到了「維維小窩」、「湯姆女孩」等女同志網站。他默默地看文章，探索著同志圈文化，偶爾回文，也開始透過網路交朋友。

剛開始交友很害怕，一來是膽小、內向個性使然，二來是不曉得從網路走出來的網友會不會是壞人。「有時約在台北車站，站天橋上遠遠觀察，打電話看接電話的人是哪一個，確定不是太奇怪的人才相認。」有時候則是找友人陪伴，一起壯膽見網友。現在回想，也沒有真的遇過什麼「壞人」。當時認識的朋友，有些很聊得來，過十多年都還有往來。

開始與同志運動相連結

二〇〇五年性別人權協會舉辦亞洲拉子影展，當時的第二任女友拉著同一起去買影展義賣品。遇到王蘋、江嘉雯、陳俞容等性別人權協會朋友，和他們聊天覺得有趣而成為朋友。開啟了之後與同志運動密切的連結。

性權會是同第一個加入擔任義工的社運團體，他參與工作討論，也在拉子影展片頭影片演上一段。他笑說，那是他參與運動的處女秀！他記得當時會加入跟著學習做社運的感動：「記者會前一晚，到了午夜他們還在做道具、寫新聞稿，我看到一群為運動無私奉獻的人。他們很有行動力，有事情發生，一通電話就去聲援不同的社運議題。」

從一個本來沒認識什麼同志朋友、對社群陌生的人，到更後來參與同志諮詢熱線的接線、老同、跨性別、愛滋等不同工作小組，現在還擔任熱線的常務理事，不論是反核、聲援樂生、支持妓權，或是爭取障權、聲援移工休假，同幾乎無役不與，在熱線社運相挺的隊伍裡總能看到他的身影。

個性敦厚、重情重義的同說：「後來有這麼大的動力參與愈來愈多的同志運動或是社運，都是當年在性別人權協會當義工的訓練帶來的影響！」

十年前女友離開時，他曾經一度想過，如果自己是男兒身，是不是就能和女友繼續走下去？這是他第一次想過變性，但也只是短暫出現的念頭。同的中性外表和穿著，不是刻板印象中「女生」模樣，十年前某次彩虹熟年巴士出遊時，一位 gay 大哥中午吃飯說，找那位「帥哥」一起來吃飯。後來才知道他不是男性而感到驚訝。

在對跨性別還不是很瞭解時，同以為想變性才算跨性別。後來他並沒有再想過要變性，當TG蝶園的旭寬邀請他加入蝶園時，他直覺反應是「我不是啊！」後來接觸更多跨性別資訊，有機會在蝶園活動和熱線跨性別小組認識更多跨的朋友，才瞭解跨的多樣性，也才知道不只想變性的人，還有很多不想變性的人也是跨。

二〇一〇年初，同在朋友邀請下參加熱線最吃重的接線義工培訓，半年密集上課、考試和演練，每週二晚上，每次三小時。二十年前熱線創立沿用至今的制度，無非是要參加者有投入服務的承諾。當時，同和母親從台北遷居中部鄉間，因為摔斷腳，處在人生最低潮。

「小時候和媽媽不親，都是爸爸照顧我們，父親意外過世後母親遠赴日本工作十一年，又是長期分離。當母親要搬到中部，就想多陪他。剛好那時工作十多年的工廠準備移去大陸，我不願意跟著過去就辭職。」

鄉間數年，離群索居；嚴重腳傷打了三個月石膏，行動受阻，如廁也無法自理，休養恢復的一年消磨了鬥志，重回台北接受培訓彷彿成為救贖。那半年，好友慷慨提供家中客廳給同借宿，週末往返兩地。若非同的沉穩和超強毅力，很難有人可以做到。

飄ノ的T媽媽

如果要說同在踏入社群前，認識的LGBT朋友只有那位gay同事，也不完全正確，認真算起來，他從小到大還認識母親的朋友——那群也是愛女人的阿姨們。不過他說：「他們是長輩，不可能和我討論、分享屬於同志的事情。」

有一位T媽媽，是同生命中和別人很不一樣的人生經驗。[2]

從小就知道媽媽和別人不一樣，別人的媽媽會穿套裝、長裙，自己媽媽從來不會，他的狀態怎麼看都不一樣。小時候跟著媽媽到不同阿姨家，後來發現有位阿姨不太一樣，有段時間媽媽會住阿姨家。同的腦中當時還沒有同性戀，個性單純的他沒有想太多。直到國中，同漸漸知道同性戀，看出母親和有的阿姨相處很不一樣，這才發現原來那是母親的女友。同回憶，小時候並沒有因為母親不同而遭到欺負，只是偶爾會聽到鄰居奇怪的說法。

「當時我們住的附近有田，有些種田的歐巴桑在背後用粗魯的話八卦。他們說，我媽下面多了一個懶趴（陰莖）。我不知道那是在嘲諷罵人，只是納悶，覺得怎麼可能。稍大一點才懂，那是對母親的批評。」單純的同不懂得去想什麼對錯，只覺得「被批評是不好的，我們是不是做錯事，覺得有點丟臉。」

父親從軍中退伍後賣吃的維持家用，母親在婚後還是和一群當時都被喚作「穿褲」的T結拜在外闖蕩，婚後也交往過幾位女友。同回想：「我不知道父親是不是瞭解母親這些事，也許是在父親家鄉，女人穿褲子很平常，才沒有覺得怎樣。印象裡，父母間的感情沒有特別好，也沒有不好。父親總是把重心放在小孩身上，看母親和很多朋友往來，沒有多說什麼。」

記憶中的父親對兒女很好，他說，早些時候家中經濟還可以，每到過新年他們就會有新衣服穿，小弟還會吵著要布袋戲偶。六〇年代台灣開始有電視[3]，對當時的大人小孩來說，看電視是新奇的事。原本家中沒電視，他和弟弟去鄰居小朋友家看，被鄰居說閒話，回家跟父親哭訴，隔天父親就抱了一台電視回家。同認為，後來經歷了經濟困難，家中孩子沒有學壞，父親的身教是最大影響。

被龐大經濟壓力追著跑

後來父親被朋友倒債，經濟開始不好。在同高職畢業那年，父親意外發生車禍過世，同開始歷經一段被錢追著跑的歲月。

父親死後隔年，母親為了賺更多的錢，朋友鼓勵下遠赴日本工作。留下十九歲的同在台灣，照顧三個十八歲、十六歲、十一歲的弟弟。

母親在日本十一年，只有第二年曾回來一次，之後九年都沒有回來。那是一九八〇年代初期，台灣剛開放出國觀光[4]，搭飛機出國還是少數富裕人家才辦得到的奢侈事；當時台灣的家用電話不是很普及[5]，撥打國際電話費率很昂貴，通訊困難影響了母女間聯繫，也產生溝通的隔閡。

在陶瓷工廠上班的同月初領到薪水，先還母親為了去日本而標會（已死會）的會錢[6]五千元，再付完房租後所剩無幾，常常月中就沒錢，只好跟同事借錢。臉皮薄的同不好意思開口，為了借錢，常反覆想了兩天說詞，最後實在不借不行了，才硬著頭皮跟同事開口。隔月領薪水立刻還，加上平時同事間的信任，借錢這事沒有被同事為難。

他記得有幾次，會頭來家裡收會錢，他手上沒錢可繳，人在家裡，和小弟兩人把電燈都關了，會頭按了門鈴他不敢開門。欠債的煎熬，讓他當時非常害怕。這樣左支右絀的日子大概有一年半，直到二弟高中畢業開始工作賺錢，巨大的經濟壓力才緩和下來。

那時候母親將在日本工作賺的錢，請一位常往返台日的阿姨帶回來要給同，沒想到這位阿姨竟然把錢私吞，還告訴同，母親在日本賭博欠債。聽他這麼說，同更不敢多問，擔心母親在異國安危，甚至依然對這位阿姨畢恭畢敬，心裡指望阿姨有天可以將母親平安帶回台灣。「我和弟弟知道阿姨回國，去他家，他只給我們日本帶回來的巧克力，完全沒給任何現金。那時候看到阿姨家全是舶來品，羨慕他很會賺錢。沒想到原來都是侵佔母親辛苦賺的錢換來的。」母親對阿姨的完全信任，加上當時通訊不易，無從與家人確認求證，這場天大的欺騙持續了好幾年。

多年以後母親回台才知道，心中憤怒可想而知，立即衝到那位阿姨家。同只記得：「阿姨打電話來，說我媽瘋了，叫我去把他帶回家。」可以想像那種被最信任的人欺騙，害自己孩子生活陷入困境的憤怒。

接線最久的熱線義工

二〇一〇年受訓完擔任接線義工，同很有毅力地持續九年至今，是接線最久的一位。同年十月，他參加了熱線另一個愛滋小組的新義工培訓。對許多女同志來說，愛滋的距離有點遠。對同而言，愛滋卻是在不同時間，離他很近。

我本來以為同加入愛滋小組是因為過世的二弟，他說不是。「接線時，來電者提出的愛滋問題，我不希望自己回答時，說出口的資訊不正確。因為這樣才去參加愛滋培訓。」

說完不久，記憶好像從心底被喚醒浮現。「不過，加入愛滋小組後，我才瞭解二弟當年的狀況。」

同的二弟從被驗出感染到離開，前後大概一、二年；那是雞尾酒療法出現之前的年代。「我們不曾談過各自身為同志的話題，只知道愛滋是絕症，其他知道的很少。我只是叫他要好好照顧身體。我陪他去過性病防治所[7]看病，當時的藥一次要吃十多顆，吃了會很不舒服。第一次發病，他在工作的地方昏倒，第二次發病後就無法工作，只能在家休養。第三次發病就送台大醫院，直到過世。」

現在對愛滋恐慌的人，是因為缺乏瞭解，知識停留在二、三十年前。而二十多年前的人懼怕愛滋，是因為當時的醫療真的對愛滋束手無策，那年代感染幾乎等於被判死。同說，那時他和母親輪流到醫院照顧，心中並沒有害怕，只是充滿困惑。「病房在醫院古老的建築裡，隱密又看不到陽光，我不知道為什麼這些人要被『關在』這樣的地方。他每天被抽骨髓，一天比一天更沒生命力，後來都無法動。坐上輪椅，連把腳放到前面踏板都無法自己來。到最後，他有意識卻無法言語，很痛苦，連活下去的求生意志都沒了。」

二弟比同小三歲，他們一起走過家中經濟困頓的歲月。回憶往事沒有太多起伏情緒，看來平靜的言語中，依然讀出同對這位一起長大、共同生活三十年二弟的手足深情，以及對命運弄人的無奈。

「他是個非常好的人，很樂觀，很可愛，對人願意付出。」一九六四年生，三十出頭的年紀就走了。「高職畢業去信用合作社上班，後來任職連鎖超商，一路爬到組長。他要管八家店，分布在新店、板橋，有時候他會請我半夜載他去巡店。如果他還在，也許現在已經是高級主管。

「他很疼愛小弟，對小弟總是有求必應。小弟念大學時很省，有次看到一雙喜歡的鞋，五、六百元卻捨不得買。二弟知道了，隔天就買了一雙一、兩千元的鞋給他。

「他走了之後，我和母親只有在送離開醫院前，短暫為他頌經。我感覺到母親有失落，但沒有表現出來。所有的後事，全由大弟和小弟處理，我和母親都沒有去。隔天就送去火化，過程低調安靜，也沒有通知其他的親友。」

積極迎接挑戰與任務

每當老同小組受邀請，要找老年同志現身說法，同常是第一個被指派擔當重任的生命故事分享人，智偉常說他是「老同小組吉祥物」。同在工作、陪伴母親之餘，對於上台「拋頭露面」說故事的任務，從不推卸逃避。在進行老拉生命故事訪談的計畫時，同是最大的推手，他把這本書的出版，當成自己最大的心願。他積極找受訪者，遇人就詢問可不可以受訪。計畫進行緩慢，等過一年又一年，雖然讓他有點挫折，卻還是積極鼓勵大家、向大家催稿。

積極迎接挑戰與任務，同說，這是到熱線之後人生最大轉變。「你去問我以前的老朋友或老同事，大家都知道我個性內向、害羞、膽小，很怕事情惹到我，以前我都會逃避，只要預知事情的『危險性』，就會先落跑，不敢面對解決。」

同回想自己走到同志運動的路上，對他影響最大的就是王蘋、陳俞容、鄭智偉和喀飛。以前去性權會默默學習，只是搖旗吶喊，只敢躲在後面幫忙；到了熱線，對他最大幫助就是，不斷把他推到最前面，讓他面對自己、突破自己。他記得智偉對他說過：「我們不是比人家優秀，而是比我們優秀的人沒法站出來。我們比他們幸運，可以站出來代表他們，如果他們可以，怎麼會輪到我們。」

人生的轉變有時就是在一個機會點上的抉擇，同認為：「如果是以前孤單的時候，就不會有這些做事的動力。現在有機會，我願意選擇把握。我相信只要有人更往前站一點，這樣以後的人可以不用再花更多力氣。」

1「tshāi 罐」是以罐裝或瓶裝酒類飲品為主的消費形式。

2有關同的母親阿寶的故事，詳見本書第49頁〈阿寶——大橋頭的飄ノ歲月〉

3台灣在一九六〇、七〇年代陸續成立三家無線電視台，俗稱老三台。分別是：台視（一九六二年十月十日開播）、中視（一九六九年十月三十一日開播）、華視（一九七一年十月三十一日開播）。

4一九七九年台灣正式開放人民可以出國觀光。

5台灣家用電話普及率：一九八〇年五一．〇九％，一九八一年六〇．九三％，一九八二年六七．六五％。（資訊來源：中華民國統計資訊網，家庭主要設備普及率表格）

6標會：早年台灣民間非常盛行的互助性質借貸，許多家庭主婦為了繳孩子學費或家庭重大開銷而跟會。由熟識的會首召集會腳起會，每期需要錢的會腳下標，寫下金額最高者得標，獲得當期所有會腳繳交的會錢。已經得標取得會錢者，之後每期繼續繳會錢，稱為死會。這種民間借貸建立在熟人之間的信任關係，若有人得標拿完會錢，之後卻違背承諾落跑不再按時繳會錢，造成其他人損失稱為倒會。早期倒會新聞時有所聞。

7性病防治所是台北市立聯合醫院昆明防治中心前身，早期位於台北市長安西路，是早年治療愛滋病的重點醫院。

故事15 小月——異性戀婚姻裡的婆

撰文／小華

訪談／小華、莊蕙綺、智偉、柚子、杜

訪談日期／二〇一七年九月十四日

一見到小月，我們幾位參與訪談的夥伴其實都在心裡驚呼：「好年輕喔！」「這是辣妹啊！」「保養得太好了！」不敢相信眼前小月就是我們持續想找、在同志圈內極為難尋的「五十五歲以上、認同偏婆」的受訪者。小月是從他LINE上加入的拉子群組裡，看到友人貼出熱線徵求「婆」受訪的訊息。訪談這年正好五十五歲的小月，藉由這個群組和拉子朋友們緊密聯繫，大家經常相約爬山、運動。平常勤於鍛鍊的小月肌肉精實，身形維持得很好，看起來比同齡的人年輕許多。

小月在得知「尋人」訊息後，主動打電話到熱線告知願意受訪，讓我們很高興同志口述歷史計畫又可以多一個「婆」觀點敘事。「我跟先生分居了十幾年，自己一個人住，還是維持很好的關係，兒子二十五歲，跟爸爸住，所以我自己一個人可以比較輕鬆自由。」仍是已婚身分的他，熱情爽朗地與我們述說一路走來的生命故事。

成長與初戀

一九六二年生的小月成長於台北的外省人家庭，父親以前是文職公務人員，母親是家庭主婦，兩人在一九五〇年代從中國大陸來到台灣落腳。小月在家中排行老二，家庭成員還有姊姊、弟弟。在他成長的一九七〇、一九八〇年代，正值台灣經濟快速發展時期，原本是家庭主婦的母親，都能找到外商電子工廠作業員的工作，家中算是經濟狀況不錯的小康家庭。

小月最早的同志戀情發生在高中時代，但後來回想起來，國中時期已經有一些對同性的情愫暗自萌芽著。小月當時讀的是女子中學，剪了一頭打薄的西瓜皮短髮，班上有同學把他當男生看，會主動挑逗他，也發生過幾個女生為他爭風吃醋的事。他在班上也有喜歡的同學，但那個女生不太理他，對於女生之間的感情，小月心裡隱約會覺得「怪怪的」。

國中時，爸爸會從服務單位抱回剛創刊的《時報周刊》過期雜誌，小月因此讀到其中連載的郭良蕙小說《兩種以外的》。這部小說於一九七八年初次發表（後改名為《第三性》出版），寫出當年女同性戀圈內「湯包」（Tomboy，後來一般所稱的「T」）、「婆子」的愛戀樣貌，在仍會查禁「妨害善良風俗」出版品的戒嚴年代，是極為難得的題材，可說是台灣女同志文學的先驅之作。也許因為在班上與女生的曖昧情感，小月一讀到小說就覺得像被打中一樣，深受其中描寫的女女愛情故事吸引：「我覺得如獲至寶！每個禮拜都盼望快點有新的故事出來。」

真正和女生談戀愛是在高二的時候。小月高中考上了北一女，初戀對象羅敏是同班同學，也是校內田徑隊。但兩人在高一時互動不多，會開始走得近，還是因為小月暗戀建中男生未果，落寞少女自導自演了失戀戲碼，在班上獨來獨往的姿態引來當班長的羅敏關心。羅敏開始常主動找他講話、教他功課，兩人愈來愈投契，放學後總是找理由待在外面多相處，捨不得回家，坐上公車也必定要十八相送一番。高二的一個星期三下午，兩人到小月家看書休息，小月終於忍不住偷親了羅敏，慌張地對他說別想太多，沒想到羅敏對著臉紅心跳的他回應：「還好你先，要不就我先了。」

高二下學期是兩人的甜蜜期。問起兩人是否有明顯的角色區分，小月回憶道，「我會刻意去依賴他。」羅敏家中衣櫃的裙子比小月還多，但在一起的時候小月會希望他不要穿裙子，所以羅敏放學後會特地換上長褲，兩人再去西門町逛街吃冰。小月記得當時班上比較好、「好到有點怪怪的」同學有三、四對，他們並不是唯一的一對。然而甜蜜在一起之後，兩人功課卻也退步了，但進了北一女，上大學幾乎是唯一的目標。一九八〇年前後，大學聯考錄取率約只有二九％，到了升高三的暑假，聯考壓力逼近，兩人為了追回課業成績，小月提出「約法三章」計畫，擬了規定要減少膩在一起的時間：一星期只能通一次電話，上課不能傳紙條，假日也不相約去圖書館。

羅敏遵照約定走，兩人互動時間大為減少，但小月在班上看著羅敏能和其他同學談笑風生反而不開心了。為此兩人開始時有爭執，羅敏刻意疏遠他，讓小月十分痛苦，高三後期他再找羅敏談，向他表示大學可以填相同志願繼續在一起，沒想到羅敏回應他：「我將來是要結婚生小孩的，我不可能跟你這樣子。」甚至對小月說：「我只要一想到我跟你，我就覺得噁心、想吐。」

甜蜜的初戀演變至此，小月徹底崩潰，同時間父母婚姻關係也出了些狀況，還有轉眼即將到來的聯考，難以面對一切的小月，在聯考前夕割腕，想一走了之。父母親以為小月因為家事和聯考帶來難以承受的壓力自殺，而不知道失戀帶給他的巨大打擊。一段當事人自己都視為「不正常」的同性愛戀，成為小月苦澀的初戀回憶，影響至鉅卻必須深埋心底。十多年後已結婚生子的他，因為翻開高中日記陷入過往回憶中，曾打電話給羅敏想約他見面聊聊，當時懷著第三胎的羅敏依然拒絕了，像是不願意面對從前那段「黑歷史」一般。

結了婚，卻闖進圈子

沒參加大學聯考的小月，後來考上夜間部大學。就像一般大學生會過的校園生活，小月參加迎新、跑舞會、交男朋友，很自然而然地走在主流社會預設的道路上。一九八九年，二十七歲的小月與交往的第二任男朋友結婚。這段時間怎麼看待過去高中的經歷呢？小月說：「高中那段是天時地利人和，後來上大學沒有這個人，我會覺得我根本就不是女同志。」他覺得自己對同性戀「已經完全免疫了」。大學班上遇過剃平頭、打扮男性化的女生，當時還沒看過T、婆樣貌存在的他，也完全不會聯想到同學可能是女同志，甚至心裡會暗自批判這種「不男不女」的打扮。

小月要結婚時非常開心，覺得可以有自己的家庭了，人生過得十分順利。他婚後也馬上生了小孩，一九九四年時，因為想要自己照顧兒子，他投入幼教產業自行創業。隔年經營的事業漸上軌道，兒子也開始去上學，小月這時想努力懷第二胎但失敗，只能暫時放棄，雖然老公一直對他很好，夫妻之間卻也感覺是雲淡風輕的情感了。婚後原本生活重心都在老公、小孩的他，一時間似乎閒了下來，只剩下自己要面對。

而在此不久之前，一九九四年發生的北一女兩位資優生自殺事件震撼了社會，兩人遺書中的一句「在社會生存的本質就不適合我們」，至今仍舊令許多同志朋友感到痛心。小月當時看著事件的新聞報導，心中有無限感慨。高中時曾加入校刊社的他，對寫作一直很有興趣，這個悲劇也讓小月動念想把初戀經歷寫成短篇小說，希望投稿參加文學獎徵選。於是他翻開高中日記，看著一幕幕細節，思緒又回到痛苦的往日回憶中。一九九六年初，小月鼓起勇氣打電話給多年沒聯絡的羅敏，邀約他見面但被冷淡婉拒。後來小說無法繼續寫下去而放棄了，幾年後小月讀到曾獲得《聯合報》小說獎首獎的曹麗娟短篇小說〈童女之舞〉，回想自己當時的寫作計畫，他心想：原來女同志小說是可以被接受並獲獎的。

其實一九九〇年代眾聲喧嘩的社會環境可說是前所未有，台灣在一九八七年解除戒嚴，文化活動上，壓抑已久的各種力量紛紛尋找出口等待爆發。一九九〇年代前期，同志文學開始躍上檯面大放異彩，書寫同志題材獲得文學獎或出版後成為經典的作品，在一九九〇至一九九五年期間相繼問世，包括凌煙《失聲畫眉》、曹麗娟《童女之舞》、朱天文《荒人手記》、邱妙津《鱷魚手記》、陳雪《惡女書》等等。台北文化地標之一的誠品書店敦南店，也在一九九五年搬遷到新址開業（編按：該店已於二〇二〇年五月三十一日關店）。一九九六年，小月邀約羅敏被拒後不久去逛誠品時，偶然發現由台灣第一個女同志團體「我們之間」發行的《女朋友》雜誌（於一九九四年十月創刊），驚喜地買了回家。

除了從《女朋友》的文章中，看見眾多和自己一樣有愛戀同性經驗的女生，出於好奇，小月也曾循著雜誌上刊登的T吧資訊，晚上瞞著老公偷偷到離家不遠的「石牆」T吧探險。不久後，想找人傾吐的小月撥打了《女朋友》刊登的諮詢電話，至今他都還記得，當時《女朋友》的志工「雜毛貓」，氣喘吁吁說著自己穿雨衣衝進屋裡接電話的生動畫面。電話中雜毛貓邀小月參加即將舉辦的「歐蕾」（old lesbian，熟齡女同志）聚會。很願意多認識圈內人的小月，在一九九七年第一次去參加了歐蕾聚會，正式涉入「圈子」，開啟了與女同志圈密不可分的新一頁生命史。

活躍的T吧生活

一九九五、一九九六年網路還不普及，T吧仍是很多女同志認識圈內人的主要社交場所。但小月一開始沒想太多，只覺得生活苦悶，去T吧喝酒既好玩，又都是女生很安全，便開始常跑T吧。參加歐蕾聚會後認識更多朋友，又被帶去更多不同的T吧。一九九七至二〇〇〇年這段期間，豐富精彩的T吧夜生活成為三十幾歲人妻小月的日常調劑，他幾乎每個禮拜都會光顧T吧，後來還帶著幾個人妻朋友一起去玩。有趣的是，幾位原本是他老公朋友太太的閨密，上T吧後像是情欲獲得了解放一般，也都跟T發展出同性戀情，有的後來還跟先生離了婚。

小月記得第一次踏入T吧「石牆」，其他客人邀他同坐聊天，劈頭就問他：「喜歡T還是P？」沒接觸過圈內文化的他一頭霧水，後來他知道了「頭髮剪短短的就是T」。小月當時比較欣賞帥氣型的女生，自己平常打扮也是走帥氣俐落路線，被問了以後回去就把長髮剪短。去歐蕾聚會時他自稱是T，其他人對他說：「T是不擦口紅的，你是『娘T』。」於是他趕緊去把口紅擦掉，想扮演好一般T的形象。但後來T吧混久了，他發現自己的「菜」都是比較偏T的模樣。

小月和朋友們在T吧玩得很開，和白天沉悶的人妻生活大不相同。他有較好的經濟能力為人又「阿莎力」，經常出手大方請喝啤酒，喊拳他也很會玩，在T吧總是得到很多讚美，那裡工作的美眉們還曾大讚他是「全場最有氣質的T」，讓他很有優越感，只要喊一聲就會有很多「跟班」跟著他去哪個T吧玩。他記得那時期玩得最刺激的要屬台北延平南路上的「Bon」了，星期六晚上會有「超級十八禁」的特別節目。化著美豔大濃妝的公關，「全身是光溜溜的，只披了一件薄紗，大家手上拿了紅包，裡面放一百塊，紅包揚一揚，他就跨坐在你身上，在你身上磨來磨去，把你的頭往他胸部靠！」第一次體驗時他大開眼界。

當然夜裡酒喝多了，擦槍走火發生衝突、打架這類事件也不會少。有一回小月帶了三個友人去新莊一家新開張的T吧捧場，店老闆是他玩T吧認識的朋友，但只點了幾道簡單的菜、喝的酒也不多，卻被削凱子一樣地開了一萬兩千元的帳單。店老闆過去也曾有金錢上佔他便宜的紀錄，生氣的他一個拳頭就往玻璃桌上「啪！」地打下去，後來和同行友人把場子給砸得面目全非。那時期小月會去另一家台北林森北路上的T吧「Alivila」，就他所知也被人拿球棒砸店過，重新整修後在一九九八年因為華視記者偷拍事件關了門。

後來小月會開始減少上T吧的次數，也是因為一次嚴重的打架事件。一回小月跟朋友去Bon，當時剛失戀的他喝多了有點茫，一個平常他當哥兒們的T說要送他回家，上路前T對他表白，說每次看小月跟誰談戀愛、失戀，又跟誰戀愛、又失戀，難道從沒考慮過他嗎？只把他當朋友的小月聽了覺得反感，加上酒醉，便想把緊跟上計程車的T趕走，後來兩人下車在路上發生嚴重扭打，身材不似對方高壯的小月一度被掐住脖子，幾乎覺得自己快死了。因為被打成「豬頭」樣，隔天老公看到後問他：「被女人打的？」之後帶小月去驗傷、備案，還問他是否需要幫忙「私了」。他老公當時知道，和小月一起出去玩的閨密當中，有人因為愛上T而鬧離婚，那次打架事件發生後，也更清楚小月平常晚上出門是跟什麼樣的朋友圈玩了。經歷過那次事件後，小月開始收斂，不再每個禮拜跑T吧。

一段段的戀愛難題

T吧跑得最多的那兩三年間，小月交往過大概十個女友，年紀都比他小，最小的差了十二歲。或許是因為大環境對同性情欲的壓抑，能夠找到「同類人」的機會因此更顯珍貴而充滿吸引力，小月說：「當你跟這圈子比較close的時候，好像你交女朋友就沒辦法停了，你跟這女朋友分了之後，就會想要去交下一個。」一開始上T吧半年多，大約在一九九七年，他遇上第一個喜歡的T。當時對方也有伴，但他自承年輕時荷爾蒙作用下，打著一張追愛的旗子，什麼也不管就去愛了，成為奪愛的第三者，私下約會時他也轉變成比較女人的打扮。那時候對方提出會跟女友分手，希望小月也能離婚兩人在一起，陷入熱戀的他因此第一次向老公開口提離婚。

小月說老公是個很好的人，老老實實上班，把薪水全部交給他。他很掙扎離婚會重重傷了老公的心，兒子又還小，但他覺得自己高中時已經失去過一次，不能再失去，掙扎之下還是告訴老公對他已經沒有愛，想離婚。因為擔心老公會有不理智的反應，當時並未告訴他有了新感情。然而老公不答應離婚要求，兩人形式上的婚姻關係也就一直維持下去。小月後來曾被幾個交往女友質疑為何不離婚，讓他無奈地覺得，已婚女同志在圈內像是被貼了存心欺騙人的標籤一樣。但始終沒有離婚的他其實也痛苦過、煎熬自責過，如果拿出勇氣「做自己」向家人出櫃，這樣的勇氣更有可能是像利刃一般，不僅毀了自己，也血淋淋地傷了家人。

邁入二〇〇〇年之際，網路發展已十分興盛，同志們透過ＢＢＳ、網站、聊天室等網路平台交友成為趨勢，當年在女同志圈相當出名的 TO-GET-HER 網站原名「我的拉子烘焙機」，一九九六年末開站時僅是簡單的個人網頁，至二〇〇〇年已發展成用戶及討論區眾多的拉子虛擬社區。小月當時因為在 TO-GET-HER 回應文章認識一些在美國居住的拉子，其中一位有名校博士學位的網友阿丹來自香港，與他在想法上特別合得來。兩人前前後後往返了少說三五百封郵件，阿丹對小月展開熱烈追求，多次從美國飛來台灣找他。阿丹當時是任職於紐約知名會計事務所的高收入人士，為了追求小月，希望他能跟著自己一起到美國生活，阿丹把小月出的各項難題一一解決了，像是幫他一步步把無心繼續經營的事業結束掉，也承諾能幫忙辦手續，讓小月帶兒子一起出國念書，出國後每個月給他一大筆開銷也不成問題。

面對如此強勢的戀人，小月確實被打動。他也承認當中還帶了點虛榮心，幻想能帶兒子去美國生活，讓他說一口流利的英語。因此他再度向老公提離婚，告知想帶兒子出國，但老公斷然拒絕小月帶走兒子，也怕年邁父母傷心不願離婚，不過表明小月要怎樣就怎樣不會管他，小月於是獨自跟著阿丹前往美國。兩人在美國有過一段快樂時光，平常阿丹上班，小月去語言學校上課，下了課就回到俯瞰河景的三十樓豪宅替阿丹做飯，照顧他的生活起居。空閒時兩人也會四處旅行，小月回憶：「以前通e-mail，他說有機會我要帶你去加州、去大峽谷、去歐洲……後來慢慢發現他都一一實現他的諾言。」

小月在這段戀情中像是長了翅膀，可以到處飛，看看外面的世界，然而也因為共同生活親密相處下，讓他感受到來自不同文化背景的兩人，始終有很多地方無法磨合。此外，在美國期間碰上二〇〇三年台灣SARS疫情最嚴重的時候，看到家人都在台灣經歷恐慌，讓他背負了強烈的罪惡感。而在美國生活不適應，經濟上完全需依賴阿丹，向來經濟獨立的他也缺乏安全感，慢慢發現待在美國並不是他想要過的日子。一次小月因為簽證問題回台灣短暫停留，經朋友介紹認識了長髮T小晨開始交往，之後台、美兩段關係重疊了快一年時間，他決定和阿丹提分手，結束在美國的生活。分手是一段艱難的過程，小月雖覺虧欠阿丹，也不得不狠下心旋風般地離開。阿丹曾說，自從到美國留學、工作始終孤單，與小月在一起的時間是自己笑容最多的時候。

小月與小晨交往了大約九年時間，是他交往最久的一任。小晨小他七歲，小月受訪時他們已分手四年，後來小月一直維持單身。問起為什麼能和小晨維持較長關係，小月說小晨的優點是從來不會要求他離婚，小月如果和夫家有家族聚會，小晨也大都能體諒他。歷經幾次為追求愛情提離婚無法達成後，小月也不願再為離婚的事煩心，他會向交往對象表明，不能接受他的已婚身分就走吧。以前玩T吧時期小月仍和老公同住一個屋簷下，必須地下化的女女戀情也難以長久；SARS時期他在台北投資買了自己的房子，從美國回台灣後能和老公分居，也因此和小晨可以比較穩定發展。但相對來說，小晨不像阿丹願意積極幫小月處理難題，同居期間家用也多由小月負擔，小晨沒有共同分擔的心意，漸漸地讓小月感到不值得繼續付出。

異性戀婚姻裡的婆

小月長久以來與女生交往的事，家人都做何反應呢？他談起跟小晨交往時本來偶爾會帶兒子一起外出，直到有一天接到老公電話：「你要在外面怎麼樣我都不管你，你搞同性戀也好、交女朋友也好，請你不要帶著我的兒子！」老公一方面給小月空間，另一方面也怕兒子被「帶壞」。小月未曾和兒子聊過以往的同性戀情，但這幾年曾看過兒子與朋友的合照裡有T，和兒子聊起來知道他對同志的態度開放，也就安心了些。小月在三十幾歲時曾因為想離婚跟媽媽出櫃，媽媽無法接受他「居然為了跟個女人在一起」想離婚，哭得比小月老公更慘，甚至激動地向小月下跪。不同世代的親人反應，也呼應了愈來愈進步開放的社會環境。

小月還提到了家族裡有位關係緊密的表親也是個婆，訪談時已經和伴侶在一起二十七年！小月大概在三十幾歲時知道這位表親也是同志，曾誇他是「圈內偶像」，能夠維持那麼久的關係，還問表親有什麼祕訣可以傳授。「他說就是『忍』字，我的解讀是，除了忍身邊人的毛病、價值觀差異，也要忍住不對滿街的菜動心！」

小月身為一直在異性戀婚姻關係中的婆，我們也想知道，對他來說，兩種情感關係最主要的差異何在？他表示，跟小晨在一起九年，分手後他回想這段生命中「最穩定」的女女關係：「我的感覺是，一個字，『虛』。」小月覺得跟先生戀愛、結婚，兩人朝明確的共同目標前進，有了家庭以後會有實實在在「生命共同體」的感覺，會願意互相犧牲，比如說一方工作調動就全家一起搬遷。他認為以往的女女關係無法給他這種實在感，也因他始終未離婚，有家庭、有婚姻往往成為他與同性伴侶爭執時的

「原罪」。

「我享受過嫁給一個人，有個家庭的那種『擁有感』。」小月這麼說。婚後生了男孩也讓他有成就感，作為一個被老公呵護的女人時，他覺得十分幸福，可以「理直氣壯」讓男人賺錢養家、分擔家用、做粗重活，「因為我就是女生，男人養家天經地義」；但和女人在一起時，就遇過對方質疑：「大家都是女人，為什麼要我做這些？」有時候這類矛盾會讓小月覺得「跟個男人比較輕鬆」，當然前提是要碰到好男人。但在訪談過程中，小月也提到自己現在能一個人自在過日子，某種程度上也是「用錢在買自由」，小月自豪自己沒花過老公一毛錢，即使分居也沒有少給過兒子的教育費，甚至繼續幫老公負擔房貸。而他能夠在婚姻關係中保有和女生交往的自由，或許也和他自己掌握經濟優勢有關。

小月曾經想過，假設自己沒和男人結婚，而是一個「更pure」的婆，他覺得自己還是沒辦法盡情地在圈內享受戀愛的美好，因為到了二十幾、三十歲，他仍然會因為「母性」想生小孩。我們問小月，以後台灣的同志伴侶也能結婚、生養小孩了，如果當年高中愛上女生的他有這種環境呢？小月認為一定會有差別，如果不需再躲藏在黑暗中，思考方式也會不同，但進入婚姻會有更多的責任，「同志對婚姻也不必太樂觀。」他曾跟朋友開玩笑說：「台灣會變成亞洲第一個同志可以結婚的國家，也會變成同志離婚率最高的國家。」我們和小月聊到，荷蘭有統計指出，女同志離婚率在所有婚姻類型中是最高的，小月猜測一大原因可能在於女同志的性關係，激情來得快也退卻得快。「因為女生懂女生，開始在蜜月期的時候，那種性關係不管是平凡還是激情，都是非常誘人的，可是很不幸，很多女生對伴侶的性冷感又發生得早。」

老後生活

小月與阿丹分手回台灣後，曾經到中國的精品業工作過一陣子，但也因為勞累讓身體狀況變差。好在他多年來理財得宜，因此決定提早退休。現在的他過著閒適的退休生活，平常會去老人社服機構當志工，也會和 LINE 上拉子群組的朋友們相約爬山、運動，這些朋友多半是他過去經由 TO-GET-HER 和「2girl.net 女子拉拉學園」（俗稱「2G」）網站認識。他說自己現在的狀態是「無欲則剛，做我自己」，動情激素在五十歲過後就減退不少，對於情感也不強求了，十分享受現在一個人自由自在，回到家也不需顧慮到另一半的幸福。雖說現在同志交友管道很通暢，像他認識的一些年輕朋友用 LesPark 這類交友 app 可以很容易找伴，他也並不羨慕，覺得情感太容易「無縫接軌」是很傷人的事。

到了這個階段，他說，愛情已經不是生活的全部。小月說現在一個人慣了，無法與人共同生活，但人老了很難說，也許之後身邊需要有個可以互相扶持的人，會和老公同住也不一定。畢竟放眼身邊，他唯一信任也願意照顧對方的，就是二十幾年來沒有交往過其他對象，也一直瞭解他、對他好的老公。

〈後記〉

與小月的訪談，從一個結了婚的「婆」口中聽他說對交往過的T失望，說和男人在一起比較輕鬆，老實說訪談當時曾受到衝擊。但一邊整理他的故事，一邊搜尋背景資料想像他走過的年代之後，我得以更深刻地理解小月的處境。

在異性戀婚姻那麼「理所當然」的大環境下，小月需要借異性戀婚姻達成他諸如生子等等也是理所當然的人生目標，而婚姻、家庭帶來的責任和糾葛，往往進入了以後就很難脫身。另一方面，與女生的愛情雖然美好愉悅，他法律上的人妻身分，勢必也會讓與他交往的T在意這種無法「名正言順」的關係，導致衝突。如果小月生在一個同志能有未來、可以名正言順結婚生子的環境，愛過男人也愛女人的他，不管是人生想像、與同性伴侶的關係，一定也會有很不同的樣貌吧。小月很激動自己常被圈內人貼上「欺騙者」的標籤，聽他細細述說自己的故事後，我也感受到，無論是「婆」、「雙性戀」、「人妻」、「人母」，這些身分標籤下的他，遇見了愛，付出的都是真心。

撰文者簡介

小華

生於一九七〇年代中期，外表很T然而內心並不強悍。初戀發生在校長宣稱「我們學校沒有同性戀」的北一女，一九九〇年代上大學時正好迎來台灣剛剛湧現的同志運動浪潮，當年藉由玩BBS、參加大學女同志社團接觸同志社群，為自己的認同找到力量。現在是多半與戲劇角色戀愛、經常想遠離社群軟體的勞碌上班族，做著處理文字的工作。儘管已向家人出櫃十多年，每天踏出家門依然感受到要和這社會的巨大惡意對抗。但在台灣走向婚姻平權的四十幾歲人生，回看高中時那個害怕同志身分曝光會被逐出家門的自己，對於曾為運動付出過的以及此刻正在戰鬥中的同志們，只有無限感激。

故事16　子蓉——開始養小孩之後，有了三人一體的感覺

撰文／林致君（喬伊）
訪談／喬伊、喀飛、莊蕙綺
訪談日期／二〇一七年十一月二十三日及二〇一八年一月二十九日

在二〇一七年的深秋，以及二〇一八年初的寒冬，我們一行人跟子蓉進行了兩次訪談。

時間上總是緊湊著，除了配合子蓉北上就醫回診之外，也為了讓子蓉能夠及早回家，一個有孩子在等待的家。提到就醫的緣由，子蓉帶出了一段特別的經歷。

同志收養

一九六二年次的他，有著一段長達十八年的現在進行式，目前與伴侶的關係穩定，更共同撫養了一個孩子。當年面臨「兒童及少年福利與權益保障法」針對收出養部分修法，需要透過機構來領養，遇上了許多難關；秉持著「卡關就破關」的心態，子蓉及伴侶共同克服了收養的種種問題，在孩子三歲時終於順利完成了以子蓉為收養人的「單身收養」程序。也因為在辦理收養的過程中，收養者的身心健康狀況亦是評估的一環，需要提供健康檢查資料，因而提早發現了第一期乳癌，得以及早治療，目前仍在持續追蹤期；不過因為孩子，其實子蓉常忘記死亡的陰影籠罩，陪著孩子一起快樂的成長。

我們好奇著孩子已經進入學校環境，會面臨到被問及爸爸媽媽的問題嗎？子蓉與伴侶是否已想像過孩子可能會面臨的壓力，以及會如何跟孩子談這件事情？他提到，跟伴侶是早有準備的；而到目前為止的狀況，也比想像中都好。比如：孩子之前要入學時，通常老師就是會問到家庭狀況，子蓉就告知老師：「只有我一個領養，所以沒有爸爸。然後為了要照顧小朋友，家裡有一個阿姨，跟阿姨的媽媽一起幫忙，所以我們家是一家四口。」在這般說明過後，老師就會將資訊交接給之後的班級老師，還滿順利的。子蓉憶起在孩子幼幼班時，有一次老師給了孩子一本繪本，書名叫做《爸爸》，裡頭全是異性戀中產階級家庭的性別刻板印象與分工狀態，要孩子回家讀；子蓉原封不動地送回去，老師納悶：「是出了什麼問題嗎？」子蓉給老師的回應是：「我們家沒有爸爸，所以我們不需要讀這個。」然後，老師換了另一本繪本，就再沒發生過狀況。在這一點上，可以看見女性主義者的他的堅持。

至於等孩子再大一些，子蓉認為必須顧及到他與原生父母的關係，在領養關係的部分，會告訴孩子：「不是爸媽不要你，他們也很愛你，只是他們希望你有更好的生活。」至於同志家庭關係這一塊，則須等到他理解異性戀家庭的結合基礎，比方：愛、法律關係……等，之後再跟他說明：「媽媽也是因為彼此相愛、彼此喜歡，所以我們也會希望迎接我們的家庭。」考量孩子未來在學校中可能遭遇的眼光與壓力，子蓉表示：「需要從老師的部分去試探、去溝通理解。就是說，如果老師態度ＯＫ，班上倘若有歧視或霸凌等情事，老師就會是一個很好的教育者／協調者，這樣就比較不用擔心。但老師方面如果不ＯＫ，就可能必須要換老師，或者換學校。」

做為同志家長的身分，子蓉沒有絲毫的畏懼或退縮。覺得從女性主義的大女人主義出發，女人治理這個世界會比男人治理得好，家中沒有男人也沒什麼關係的。他與伴侶兩人也已做好準備，不斷地在跟這個社會、跟孩子討論及對話，改變不是就要從身邊開始？他們使用同志家庭相關的繪本等資訊，用這先為孩子打預防針。當然，期待台灣的同志婚姻趕快合法化，對孩子來說，將來受到的挑戰應該會比較少。子蓉認為婚姻平權，對孩子以及財產繼承等法律上的權利義務這部分的意義較大。在西方國家，會很快的推動同志婚姻合法化，是因為國家的社會福利身分與婚姻制度是綁在一起的，所以有相當立即的需求性；然而台灣本身的社會福利就很不完整，故這部分沒有太大的意義。

回溯到子蓉的自我認同，可以看到他是比較不受性別刻板印象束縛的。

意識與認同

來自鄉下大家庭的子蓉，母親是個愛漂亮、打扮很女性化，相當幹練的職業婦女，也期待孩子們可以是工作能力強的女性。父親則是地方公務員，勤懇踏實，在一個單位工作三十幾年退休，不求仕進，追求生活適意。相對的，對於子蓉自小到大的穿著打扮，並沒有太多的規範與束縛。子蓉在國中時，意識到自己沒有特別愛穿裙子，不過班上一樣有不少同學是如此，一進到學校就換短褲，在鄉下，很多女生並不會把自己打扮得很女性化；因此子蓉並不認為自己有多麼特異，就是比較中性的乖學生。

由於當年那個年代，即使連發展異性戀關係都是很保守的，是個「如果男生來跟你講話，就潑他水」的環境。於是，懷抱著作為「異性戀戀愛前的練習」的心情，子蓉如此看待著國中時期起的同性情誼。四周朋友們在青春期甚至到大學，其實也都有類似的同性親密情誼經歷而不認為有什麼特別意義，且後來朋友們終究是步入了異性戀婚姻，故子蓉對於這方面的情感，並沒有太多的困惑與擔憂，很自然的認為這就是青少年的過渡時期。

在中學階段，同性間的親密相當單純，就是中午一起吃便當，或者同學為自己去買早餐之類的事，往往就令人感到愉快，有著淡淡的甜蜜感。在高中住校時，子蓉因為擔任宿舍長，就滿自然的成為住宿的同學或學妹注目的對象，每每假期結束學姊學妹返回宿舍時，自己桌上就會擺滿他們從家裡帶來的各式食物或農產品；後來有兩個學妹還為了自己爭風吃醋，讓子蓉只好因此退宿，搬出去外面賃居（只是一樣有學妹跟著一起搬出去）。但及至那時，子蓉都還不認為自己會喜歡上女生。

說到戀情，子蓉很客氣的說，自己的情史很簡單，也不認為自己的外型會受歡迎。但侃侃道來的一段段故事，主動親近的女孩們，不難想見子蓉的魅力與風采。

戀情與轉折

高中生活不是很順利的子蓉，曾經歷了休學而後復學，在高三時交了第一個女友，是當時陌生的班級中主動親近自己的同學，畢業後也曾短暫的住在一起過。但當時意識中，仍然沒把自己跟同性戀畫上等號，對於彼此之間的感情，始終認定就是換帖的朋友而已。對方也不覺得自己是一個喜歡女生的人，仍認為自己是異性戀；即使已經有親密的性關係，也就是覺得有點越界了而已。他們甚至會幫彼此介紹男朋友，還會幫彼此物色、結伴一起去參加聯誼。這段就是一個默默發生，然後都以為是「越過了好朋友的界線」的一件事而已，後來對方也自然地結婚成家、生兒育女了。

子蓉從大學時期開始，曾交往過幾任男朋友。有趣的是，不知道是因為當時年代太封閉保守，還是男性都是以結婚為前提來交往，幾任男友都是在短暫交往後，就提出想結婚的要求。不過因為家裡大概認為他眼光不夠好，挑的對象不是太胖就是太矮，既不聰明也不帥，都委婉地表示：「還太早，應該再多看看才是」而回絕了。直到子蓉研究所畢業，工作了一段時間，結識了同樣工作圈的男友，交往了半年多後，才真正進入論及婚嫁階段。在談訂婚的過程中，子蓉明顯的意識到「戀愛與婚姻的差異」……原先只是兩個單身的人在交往，很快的面臨到來自彼此雙方家庭的壓力：包括對男女雙方學歷差異（女方學歷高過男方）的不認同，雙方家庭背景迥異，以及男方不斷的被質疑可以一起生活的能力……等，整個過程中，兩人變得相當浮躁，最後男方因此先崩潰了，這段戀情無疾而終，雙方都感到相當受傷。在這之後，子蓉還交過一個大自己六歲的男友，在一起一年多，因為生活圈不同，聚少離多，最後也是不了了之。

在當年所謂「女人三十拉警報」的年代裡，經歷了沒能順利結婚的那一段，子蓉不免關注著自身的愛情與歸屬，思索自己期待怎樣的伴侶成為自己未來的生活範本；大家庭中的重男輕女，讓子蓉其實對於過去傳統女性面臨的「不平衡的、男尊女卑的性別關係」家庭型態感到退卻，也因此對建立傳統的保守家庭是有些許抗拒的。就在二十多年前，女權運動風起雲湧之際，子蓉遇上了前女友，應該可以稱之為他在同志認同上的轉折吧。在野百合學運[1]之後，大學校園中的女研社[2]紛紛冒出繁花勝景，許多聰明靈敏的女生開始自己辦營隊、研習之類的活動，那時已經三十歲出頭的子蓉，常獲邀去擔任營隊講師，因而認識了當時還在大學就讀，卻自覺終生要獻身革命事業、超早熟的前女友。

對方在高中的時候就認同自己是女同志，這讓子蓉很好奇，為什麼他可以那麼早就知道自己是？也覺得很奇妙，為什麼有人可以這麼早就很確定自己的未來？在交往的過程裡，前女友不斷要求子蓉確認自己的性向，這時候子蓉心中其實是有掙扎的，過去認為自己是男性和女性都能接受的，也明白在這個確認之後，自己或許就不會再跟男生交往了。不過也是因為和前女友在一起，才讓子蓉更明白女同志之間的性與愛，是如何進行的。

是說，因為理念而結合的伴侶，在生活相處上並不一定就會比較順遂。一是，對方當時還是學生，對女權運動投入的程度、時間與心力，都遠超過已經在工作的子蓉，雖然他支持女友，卻無法投注相同的熱情。再則，出生背景的差異，也是關係能否持續的重要因素。來自鄉下大家族的子蓉，與城市小家庭長大的前女友，在相處上時有扞格。比如，當他們在子蓉家時，家裡習慣將一家人的早餐煮好，然後一起吃。但前女友當時從來不參加，他會自己出去吃完再回來，逃避需要面對子蓉家人的場合。這讓家人覺得：「我們家的飯不好吃嗎？」並對這段關係充滿敵意。子蓉常常必須為他找理由，感到相當有壓力。加上，並未對自己雙親出櫃的前女友，卻不斷要求子蓉要向家人出櫃，這在那時也是一個讓他為難的點，因為傳統大家族的和諧需要多方考量，急不得的。子蓉提及，和前女友的年齡差距，也會讓他開始感覺，未來若要一起生活，有許多很難相互配合的地方，因此不容易有對未來共同生活的想像。

在與前女友分手前的最後拉扯階段，現任伴侶出現了。

現任與家庭

現在的伴侶道遠其實跟前女友年紀相同啊！

儘管跟子蓉相差了十三歲，但由於道遠跟子蓉一樣來自於大家族，熟悉大家族中微妙且複雜的人際關係的平衡與維持和諧之道，很能處理當中的各種細節，比如：對長輩很用心，懂得噓寒問暖，會安撫姊姊們，嘴巴夠甜。由於道遠幼年時家遭變故，父親早逝，道遠很早就成為以母親為核心的家庭的決策者，個性也比較早熟；再加上因為在和前女友的相處中，子蓉已經跟家人「革命」過，「讓家人知道，『事情』就是這樣了」，因此道遠是比較被家人喜愛與接受的。

十八年的戀情，並非一路走來都是穩定順遂的。也曾在充滿考驗與衝突的人際關係之中遇見了一段小插曲，而這卻是讓子蓉跟道遠的感情更加穩定的契機。在深談過後，道遠因此辭掉在台北很順遂的中研院助理工作，回到南部與子蓉共同居住、共同生活、一同規畫未來，相互配合；也才有五年後等工作、經濟都較穩定之後決定領養小孩，建立同志家庭的後續。

原先子蓉對於家庭並沒有太大的憧憬，覺得不婚的身分也滿好的，只要能將自己的事業、生活處理好，能照顧好自己即可。他提及在地方上，不少仕紳家庭裡都有不婚的女性，在大家庭中被緊緊保護著。或許是很早就覺得，「倘若沒有好的對象，不要勉強。」因此並沒有太多逼婚的壓迫；也可能是因為女性並沒有傳統上要傳宗接代的壓力，然後家庭關係也是緊密友好的，並未被家族排擠或邊緣化。這點之於採訪者的我們，倒是感到新奇與少見。

聊到同志文化、女同志社群時，子蓉坦言當時自己並不在社群中，也無法融入那T婆分明的文化。曾經和前女友去到T吧，兩人都走中性偏陰柔風格，讓其他人不知道該如何跟他們互動。T吧裡的人大多認為T婆文化是天經地義的，就會很困惑的問：「你們叫『不分』，那你們怎麼知道誰要跟誰交往？」也會說：「看不出來你們是一對。」或許對在九〇年代中期受過女性主義洗禮的女同志而言，T婆二分的文化是被強烈批判著的，認為是異性戀關係的複製，沒有超越、沒有突破、不進步。然而，關於女同志的角色認同，看來與年紀、世代沒有太大的關係，而是成長過程的經歷。跟道遠在一起後，子蓉也認識一些年輕的T，看到他們相當複製父權的模式：「就T一定要怎樣，婆一定要怎樣。」很無法接受在這個文化裡的T展現出來的模樣，感覺複製了異性戀模式中最爛的男性，愛吹噓、工作不穩定、愛跟人吵架、打架、跟伴侶吵架，T還會到婆工作的地方鬧，相當火爆、衝動，這些作為都很讓子蓉搖頭。T吧中的暱稱文化，也是令他不解的一部分，問，大家都是用假身分在相互認識嗎？

故事再說回孩子身上吧！其實他們剛在一起的時候，道遠就知道子蓉還滿喜歡小孩的，子蓉曾經協助照顧過自己弟弟的兒子，以及道遠姊姊的女兒，都相當得心應手。原本道遠想過要自己生，但子蓉覺得這樣子對他來講犧牲太大、對他的生活改變也太大，因此勸他打消念頭，覺得就認命地維持沒有家庭的狀態。

然而因緣際會下，迎來了現在的孩子，從兩個月大就撫養迄今。這段過程，對於他們都是相當大的挑戰。原先只有兩人的生活，雙方的認知是彼此都是獨立的個體，兩人間的發展有著各種可能性，不會互相限制對方。子蓉自認在生活與職涯的發展都是相對直線與簡單，道遠卻有著比較多的不確定性，對於如何具體承諾共同養育一個孩子，兩人當時很認真的討論著。

問及領養孩子後，對兩人關係的有什麼改變或影響？一定是有的。由於道遠從小書讀得好，貧困的家庭相對投注較多的資源在他身上，對他也有一定的期待。而道遠一向也是升學考試順遂，在工作上也是拚命三郎、好求表現到極致，不管做什麼都認真投入到過度勞累。養小孩後，才懂得放慢腳步，然後調整生活作息，知道要將生活重心做個改變。因為在準備領養的過程中，同時間子蓉生病治療，道遠必須承擔起小孩的照顧，也陪同子蓉一起處理及克服種種難關，並重新思考過去原生家庭對自己的影響，子蓉認為這個歷程對道遠而言，何嘗不也是理解自己的一個契機。

至於罹病與養育小孩之間，是否會有衝突或者擔憂？子蓉雖然覺得一定會有些許的擔心，不過由於家族中親友的經驗，以及就診醫院素以醫術聞名，子蓉對於預後，很樂觀的看待。當然也設想過，倘若真有不測，孩子的家庭網絡仍然是安全無虞的。

子蓉認為，他們當然是在彼此的關係穩定後，才有辦法考量到養小孩；而在開始養小孩之後，三人一體的感覺慢慢浮現。給人感覺理性堅強的子蓉，難得感性的這麼形容著：「那種感覺就是，即使在外面碰上什麼不好的事情，可是回到家裡，就覺得這些辛苦都值得了。」

撰文者簡介

林致君（喬伊）

女同志，貓奴，有深愛的伴侶。

是一個自國小就認同為bi的人，喜愛一個人是因為欣賞對方的個性／特質，與其性別無關；到二十七歲時，因為性別意識與過往幾段戀情的體悟，決心回圈內當婆。然而當時年近三十歲的前任即已自稱為「老T」，不免好奇，在圈內是如何看待「老」及分類不同世代呢？

二〇一三年首次參加熱線晚會，節目讓人又哭又笑的後座力太強，因而決定到熱線當義工；十一月二十八日正式加入老同小組，徹底開展了精彩豐富的「悍婆」人生。在老同活動的積極參與間，逐漸明白許多事都是時代的眼淚。老年同志的身影難尋，尤其是拉子；「不分」的認同少見，「婆」也是隱身於茫茫人海間，成立同志家庭的更是少數，因此更加珍惜與感謝本文的受訪者。曾見過他與孩子的互動，那份從容與包容，真心感受到孩子是被好好愛著的。

至於現在對「老」的理解，擁有一個年紀長我一輪的親密伴侶，我看見的是對方在歲月的歷練累積後，展現的成熟大度與包容涵養；因為經歷了、懂得了，更能溫柔溫暖的對待著。有一種深深被天主眷顧的幸福。

1 野百合學運（又稱三月學運），是在一九九〇年三月十六日至三月二十二日發生的學生運動。在該次運動中，人數最多時曾經有將近六千名來自台灣各地的大學生，集結在中正紀念堂廣場（今自由廣場）上靜坐，他們提出「解散國民大會」、「廢除臨時條款」、「召開國是會議」、「政經改革時間表」等四大訴求。這不但是中華民國政府遷台以來首次大規模的學生抗議行動，同時也對台灣的民主政治有著相當程度的影響。在該次學生運動後，時任總統的李登輝一方面依照其對學生的承諾，在不久後召開國是會議，另一方面也在一九九一年廢除「動員戡亂時期臨時條款」，並結束「萬年國會」的運作，台灣的民主化進入新階段。（參考自維基百科）

2 女研社，校園中的女性主義社團。對內尋求女性主體意識的發展，對外也積極在校園、社會發起各種運動，像是推動學校正視男女學生宿舍門禁管理、廁所空間分配不合理等問題。各大學女研社也彼此互通聲息，串聯成「全國大專女生行動聯盟」，暑期舉辦「姊妹營」講習性別課程。這使得來自南北各地的姊妹齊聚一堂，猶如華山論劍，相互切磋批判、分享學習彼此的經驗。一九八〇年代末出現的女研社（最早成立女研社的是一九八八年的台大），雖是受到一九八〇年代台灣婦運的影響而產生，但不同於婦運者的保守穩健，開拓女性潛能、追求女性成長；一九九〇年代的女研社則是挑起「父權體制」、「解放女性」、「情欲自主」等更為激進的議題，刺激社會重新思考既有的性別價值觀，為台灣婦運注入活潑的新元素。（參考自：國立臺灣歷史博物館「臺灣女人」網站，網址：https://women.nmth.gov.tw/?p=2132）

故事17 寒天龍——嚮往自由想掙脫禁錮

撰文／湯翊芃

訪談／湯翊芃、喀飛、明道

訪談日期／二〇一八年二月十四日

歌聲清亮有勁、剛中帶柔。舞台上一位眉清目秀、短髮鬢白、扮相剛烈瀟灑的歌者，以那年紀來說，他時髦的味道同歌唱時的鼻腔共鳴一般，濃淡得很是滋味。

筆者近日分身乏術，難得過年能回老家，來到多年前曾經到訪的酒吧，印象中那裡的木廊綿延得幾乎無垠，現在怎麼看都僅像個小閣樓、小館子。如果不說，還不相信台南老家竟還有這般能當歌迷的場子，歌者一連唱了八首歌，老少咸宜、新舊歌都唱，唱完後與台下歌迷轉了一圈，來到我們的桌子，用迷人的口吻打了招呼。他有藝名、花名、也同我們分享了他的本名，接下來的故事裡，我們得稱他為「寒天龍」。

寒天龍曾犯了錯，被囚禁在寒潭之下一萬兩千年，訪談到後半時話題很佛道，我也便相信這是千載難逢的緣分，亦是萍水相逢，淡如水。

高中時被女同學的吻喚醒

五十一年次，寒天龍在台南二空眷村長大，有兩個哥哥四個姊姊，父親是士官，來自安徽，母親來自四川，寒天龍從小就愛穿哥哥的衣服，除了帥氣與大咧咧的性格相符，他也發現了穿男生衣服才不會被隔壁東村的太保給欺負，於是就這麼著褲至今。

其實外型帥氣的寒天龍，從小就有男朋友，國小、國中都交過男朋友，也不曾因為與男生交往而穿扮女裝，即便制服是裙子，也要在裡面穿一件褲子。高中時他北上到了華岡藝校，念的是國樂，拉南胡。華岡藝校在陽明山半山腰，地理條件圈出了與世隔絕的小天地，高中同班女同學在兩小無猜的關係下親了他，他就如觸電一般，被喚醒了。那是寒天龍頭一次嘗到戀愛的滋味，開始思考自己可能是「喜歡女生的女生」，這份愛陪伴了他一學期，天天通電話，暑假過後對方突然不理他了。他想女同學也許只視此為兩小無猜的遊戲，但這卻是寒天龍的「同志啟蒙」。

寒天龍失去初戀後頹廢了一學期，直到一位舞蹈系學妹的出現，伴隨了他高中甜蜜的餘年。他們一開始僅是友誼，寒天龍向他傾訴了失戀之苦，兩人日漸親密，每天一起上下學，在教室門外等門也不假掩飾，旁人開始有了閒話，都說寒天龍這是在追求，勸學妹要遠離性向怪異之人，學妹也就不太理他了。直到有一回，寒天龍在學妹上課的隔壁教室彈起了鋼琴，悲傷的琴聲把下課後的學妹引了過來，寒天龍這時才表明心意，學妹也答應了要在一起。

高中畢業之後，寒天龍考上女青年工作大隊，到軍隊訓練，寒天龍與學妹聚少離多。捨不得女友的寒天龍，收假後時常忍不住淚水。軍中的人關心他，他便一五一十地傾訴，然而軍中人多嘴雜藏不住秘密，這事也就一傳十、十傳百，最終傳進了大隊長耳裡。

軍中給他下了通牒，若要留在軍中，就和女友分手；若要繼續在一起，就得離開軍中。與此同時，寒天龍很親的三姊也去找了學妹女友，勸離他們，請他不要影響寒天龍在軍中的生活。直到了他們真的分手之後，學妹才告訴他這件事。

部隊裡對不同性傾向的異樣眼光

性傾向一事，使他在軍中累受旁人異樣眼光，涼的缺沒有他的份，該有的福利也時常被拿走（表現得很樂天的寒天龍一直到訪談尾聲才偷偷告訴我們，那時曾想不開，在軍中寫信給張老師，不過未得到回信）；但也因此，不少人對他產生了好奇心。在那年代，女生喜歡女生是獵奇的，幾位學姊特意接近打聽他、刁難他；有的戀上了他，有的甚至成了情人。

「反正你就會特別被挑出來，刁你一下，虧你一下，我無所謂啊。反正罵就罵，畢竟那時候年輕嘛，挨得起罵，沒怎樣，而且學姊學妹本來就會常常唸來唸去，罵來罵去，所以我們早就習慣了。就好像共產黨在那邊鬥爭，鬥爭你一樣那種感覺……所以你習慣了就無所謂了。」寒天龍平淡地這麼說著。

寒天龍說，軍中談戀愛其實都很隱晦，時常是使些眼神，或形諸於一些瑣事上表達。因為談戀愛很看重身分，自己在裡頭也不是得勢的人，彼此必須要保持一些距離。反之，有能力、成績好、人際關係打理得好的對象，就比較不會受到影響，可以好好發展關係。

而寒天龍也在軍中認識了一位能力很好的學姊，一直交往到退伍之後。有趣的是在退伍時，大隊長端出了一桌子複印的信件，全是他與別的女生的情書，原來這些信件全都被國防部檢查過了。「又怎麼樣，我沒有影響到別人呀，這些年來我也沒有因此影響到工作呀。」他坦然地說。

但他在軍隊裡頭結識的不只有同性，也有異性，他曾為了終止謠言與阿兵哥有過感情，更在退伍之後，考慮過與一位空軍結婚。寒天龍說：「我還是會懷疑自己是否有可能。」但那些經驗都告訴他，身體說不了謊，難有生理反應。

不為求子的異性肌膚之親——試婚

「總不能說你完全沒有碰過別人，你就說你是這樣。」

在那年代，二十多歲的女人，總會去思考婚嫁，無論性傾向如何，女人身上必然背負著出嫁的責任，出嫁後便「必須」與丈夫行房。許多年長女同志僅用「沒感覺」來形容房事，寒天龍則直接的說：「男人進去的時候，永遠是乾的。」呈現了年長女同志在性上頭少見的生動描述。

而他與男人的性經驗也是特別，不同於其他年長女同志一般，為了生子而迫於行房，他是為了在婚前驗證自己的性向，與當時的對象有計畫性地「試婚」，也懂得吃避孕藥，反倒像個時下的年輕人似的。

經營民歌餐廳

寒天龍跟軍中學姊的感情延續到退伍，學姊考上教官兩人一起待在台中，開了一間民歌餐廳，因為有音樂底子的他小時候也玩過吉他，看著台上的歌手唱，學著他們的歌單，學著他們彈吉他，某次歌手未能到場的情況下，他頂了下來，這才真正開始了他接下來三十多年的歌唱人生。民歌餐廳的風潮在他們收店之後反而流行了起來，在台中火車站商圈四處林立，家家都高朋滿座，得要排隊入場。當時的他到處唱、出卡帶，一週唱三十六場，不眠不休地唱。

「只是生在那個年代，即使喜歡女生，也是會考慮要結婚的。」

「跟女生才有那種刻骨銘心、心痛的感覺，跟男生就是沒有，一點也不會吃醋。」

寒天龍用幾段感情來證實自己那摸不透徹的性向，已經摸得比一般人透徹了，可社會還是混淆了他。在二十六、七歲的精華時期，也正是一般女人該出嫁的年紀，即便有學姊當女友，雙方都一樣得考慮著未來婚事。學姊還成人之美地把寒天龍推向了男人，讓寒天龍與一位非常符合自己條件的空軍青年約會了好一陣子，兩人反而像朋友、像兄弟，寒天龍對他沒有身體的欲望只有物質條件的符合。一日，這位空軍帶著醋意對著寒天龍的學姊女友說：「你（跟女生在一起）是變態。」而寒天龍認為是自己拚彎了學姊，空軍青年這句話不僅是在羞辱學姊，更是在辱罵自己，因此很生氣地甩了這位空軍青年，也讓寒天龍徹底明白，什麼樣的條件都比不上這種「恐同式」的辱罵。

未婚的他，就是被徵召回去照顧長輩的單身晚輩

唱歌的日子多久，風流的時日就多久，一直到二十九歲那年，哥哥姊姊們都已嫁娶離家，排行老么的寒天龍因為母親的緣故，回到了台南就近照顧。駐唱的場子也逐漸跟著南遷，而其中一家就是目前仍在經營的木棉道民歌餐廳。

回台南後，寒天龍在駐唱時結識了一位天蠍座女孩，談了一場五年的戀情，身邊

朋友都覺得是對天成佳偶，更欽羨他們穩定的感情。對方是位小他七歲的女孩，年輕愛玩、結友廣闊，正值精力旺盛的時期，對於沒有特意經營同志生活的寒天龍來說，那幾年跟著這位女友就像是過著最「LES」的生活。交往的期間常跑台南的 T bar、高雄的 gay bar。不過日復一日，過多朋友的邀約、同居套房裡夜夜充滿麻將洗牌的聲響、不離視線的菸酒，過於糜爛的生活讓寒天龍日漸疲倦。

有一回寒天龍與朋友在茶店聚會，看到了鄰桌客人手上的三道戒疤，詢問之後覺得投緣，便逐漸起了出家的念頭。一開始女友只當作玩笑話，但因著寒天龍把出家當作目標逐步參與佛教的受戒及活動，久而久之也讓女友失去了走下去的希望。「天蠍座的人喔，一看沒有希望，就毅然決然死心了。」當時彼此並沒有糾結太多，買下的房子留給女友住，自己回去與母親共住，開始了他的修行之路。

寒天龍後來在佛教機構工作了三年，每天上班在櫃台可以聽著一旁師父講經，心裡覺得很平靜，吃了三年全素、日日念著要出家，卻仍放不下家裡的母親。他頓悟到凡事若過度執著便會行之過激，宗教生活如是，出家的追求亦如是，便告訴自己若過於執念於出家這事，便不再符合佛教的放下執念、看清看淡的教義了。

結識現任交往十五年女友

寒天龍修行佛教十年以後轉去了道教，有一回一位宮主在擴張宮廟時缺錢，講義氣的寒天龍馬上就把房子抵押借了錢給他，結果對方只付了第一個月的款，讓他背了七年的債。那是欠債的日子，心頭沉重的壓力，促使那些日子他經常到廟裡拜拜。

有一回某位同修的眷村師兄把寒天龍介紹到另一個宮廟，這個宮廟的人幾年下來持續幫忙寒天龍催款，寒天龍因而結識了這個宮廟的女宮主；本來只是求個平靜，但日久見緣，寒天龍漸漸知曉這位女宮主不美滿的婚姻，女宮主也得知他背負的債款壓力而相濡以沫，兩人逐漸產生了感情。

這一靠近，讓寒天龍嘗了好多年的苦頭。對方的丈夫是位跆拳道教練、也在廟裡做事，見妻子與寒天龍愈走愈近，不悅之情日日攀升。一日，他醋意大發，趁著神明代筆時寫了髒話給寒天龍，兩人差點沒有打起來。不久後，忍受不了丈夫的女宮主逃到寒天龍家，為符合道教的做法，寒天龍與女宮主連夜把宮廟內的聖物撤掉，帶走菩薩的壇位，就像私奔一般，既浪漫又疲憊。

女宮主的丈夫拒絕離婚，寒天龍帶著女宮主逃婚，逃不掉的是女宮主的女兒。兩年後，學校老師發現女兒身上布滿瘀傷，通報後女宮主才將女兒接回桃園娘家，而丈夫因為還得要在學校教跆拳道，不想鬧大此事，才終於肯簽下離婚協議。但離婚後的幾年，兩人仍不斷受到女友前夫的騷擾。

感情裡的性別角色

談到感情裡頭的性別角色，外型酷似男人的寒天龍提到他的許多對象其實都很中性，甚至有些對象是T。他想到一位愛慕他二十多年的朋友，寒天龍形容這位朋友是生性喜歡到處跑的射手座，與他相處總是很快樂、自在，外型也同樣男孩子氣，他曾多次為了看寒天龍的表演，到南部的餐廳聽一場便回台北。兩人多年後重逢，當時寒天龍正在決定是否要赴台北工作之際，這位朋友告訴他二十年來的等待與期待，打動了寒天龍，於是就這樣為愛奔走，離開當時謬事許多的台南。

多年後又到了台北，景物人事早已不同，平時多扮演照顧者的寒天龍，終於體會到被照顧的呵護感，這兩個外型偏T的人，相處起來就像兩個小男生會打鬧，甚至衣服褲子一起穿。雖然這段感情順遂美好，但在台北的工作上卻不盡人意。寒天龍在親戚公司裡朝九晚五的工作讓他滿腹憋屈，他想回台南唱歌，想念台南的朋友，經濟上又不想給人養，兩個月後待不下去，便回了台南，對方將此視作訣別，便跟他分開了。這讓寒天龍苦了好一陣子，對更年期的他來說，這也許是最後一次感情上的刺激了。

更老之後

寒天龍說他嚮往心靈上的自由，即便日後同志婚姻合法了，他依然不想用法律綁住自己；雖然如此，他早與另一半討論過同志婚姻涉及的「熱門議題」，像是：保險受益人、醫療權益保障等等的。寒天龍保險受益人的名字寫的是大姊，因為大姊大他十八歲，就像大家長一樣絕不會獨吞。醫療同意書方面，寒天龍希望另一半能有決定權，但他知道另一半就算有權也不會真的去做決定，一定仍是尊重原生家庭的決定。寒天龍明白自己若是突然走了，女友的出現一定會被哥哥姊姊們欺負，所以寒天龍就告訴女友，如果真的發生了什麼事，銀行的帳號密碼都在他身上，趕快領走就好。

寒天龍因為在保險業擔任私人助理的關係，對於年老後已有理財規畫，唯一不確定的就是能否與另一半照顧彼此攜手共老。

人的一生冥冥註定著什麼，修佛道讓寒天龍得到一些訊息與畫面，他不想追根究柢地去找到那些訊息的答案，免得淪於對前世的執著。他知道他是那條在寒潭禁錮的龍，牠不知道犯了什麼錯而受懲禁錮於深淵，但他知道，他是那條滿身古銅色鱗片的龍，此生有很重要的使命要去完成。

編輯後記

請問老拉在哪裡？

撰文／喀飛（老拉訪談計畫帶領人）

《阿媽的女朋友》是十七位超過五十五歲熟女同志的故事，真實生活裡，只有兩位有孫子叫他們阿媽，不過他們都在各自的人生中有著阿媽等級的輩分、豐富人生。他們的年代，沒有人用「同志」稱呼他們，這些阿媽也少有人是帶著「同性戀」的身分認同才開始過同志生活，讓他們意識到自己不同於其他女性，是對女性愛慕、想望，會交女朋友的情欲認同。以《阿媽的女朋友》作為書名，是為了吸引人正視這群人的存在，「什麼！阿媽有女朋友？」也是為了打破社會大眾對老人的刻板印象——阿媽的情史、經歷的飄ノ人生，比你想像的更精彩！

很多人問，老年同志在哪裡？

台灣快速老化，大家都在談長照，有人想訪談、做調查、研究老年同志，想瞭解老年同志的醫療、長照、社福需求為何，都跑來詢問台灣同志諮詢熱線協會的老同小組。在尋找受訪者、調查樣本、研究對象時，馬上遇到第一個難題：老年同志在哪裡？為什麼老年同志這麼難找？這個難題的存在，本身就是答案。

老同小組二〇一〇年出版《彩虹熟年巴士》（基本書坊）的經驗告訴我們，成長年代不同、歷經艱難的社會處境，老年同志練就一身不在陌生人面前顯露同志身分的「本領」，找他們，唯有靠人際網絡。透過他們所熟悉、非常信任的人際關係，才有機會降低他們的不安，讓老年同志「現身」。

《彩虹熟年巴士》訪談時，連結老 gay 受訪者的靈魂人物是漢士三溫暖的老闆余夫人（阿嬤），而這本書的訪談，連結老拉的關鍵人物是同。這本書能完成、出版，同是最大功臣，他是訪談計畫的發起人、催生者。在充滿挑戰的過程，他是強力的督促者。因為他的積極和不懈，不斷地在拉子社群的網絡連結、打聽、拜託，才有機會讓許多受訪者浮現，願意信任老同小組，說出自己的故事。

這次老拉訪談計畫進行了超過六年，參與者是由老同小組成員有興趣者組成。這段期間我們舉辦過「口述歷史書寫工作坊」，由老同小組成員政大社工所王增勇老師規畫訓練內容，並為大家講解「口述歷史書寫原則介紹」，邀請報導文學寫手顧玉玲進行「個人書寫經驗分享」，老同小組負責人鄭智偉分享「生命故事訴說的力量」，喀飛分享「聽故事說故事」經驗。

每次訪談後，成員一起討論每篇長達三、五萬字的逐字稿，這個過程是非常寶貴的交流和學習。成員年齡從二十多歲到五十多歲，每個人成長於不同時代，同志生命歷程大不相同，從逐字稿中看到、理解到的故事意涵也有落差。藉著提問、回應，或由較資深成員補充所理解的同志社群歷史文化，讓大家能夠掌握更多的歷史背景資訊，作為解讀受訪者故事的密碼鎖鑰。

還原歷史場景、解讀故事的練習，是老同小組訪談計畫重要的環節，成員們有機會吸收更多的歷史素材，認識昔日老年同志所處的社會困境和當時的同志文化。帶著這些能力，最後再進行故事的書寫。

說故事、重現生命歷史，不論是逐字稿材料的擷取、取捨、整合，或切入、描述方式的選擇，無法避免撰文者的主觀詮釋。延續前一本《彩虹熟年巴士》的書寫定位，這本書更貼近於，由不同撰文義工，帶著各自生命經驗，為讀者說出他所認識的主角的故事。這也是為什麼每篇故事會寫上撰稿義工名字，並附上撰文者簡介。

這次帶領義工們完成這本書，過程中還有兩件事讓我印象深刻。

1．不能出櫃的暱稱

十七篇故事中，有十三位受訪者在最後定稿時提出要求，要更換故事中的名字。開始我有點困惑，咦?故事裡寫的就不是本名啊，只是他們在社群常用的暱稱，怎麼連暱稱也不能「出櫃」?!這種狀況和前次書寫老 gay 的書時完全不同，當時故事裡的名字，就是老大哥平時在社群被人熟知的名字。

前後兩書對照，讓我們體認到，老年女同志對身分曝光更加在意。昔日對社會、對家人、對所有非同志親友隱瞞的壓力，到今日依然存在。不同名號代表不同面貌／面具，真名是在社會行走、家中或職場親友看見的一面，社群暱稱則是女同志圈其他朋友看到的一面。儘管同志運動多年來一直努力創造一個「同志不再需要戴面具過日子」的友善環境，但是刻畫在老年女同志身上的壓力印痕，卻不是一下子就能輕易除去。

2．為何交往女友都是異性戀？

有一次討論，義工說出疑問：「為什麼這位受訪者一生交往的對象都是異性戀女生，導致後來都離他而去，進入異性戀婚姻？」

他的提問也是許多年輕讀者心中會浮現的問題，我認為探索這問題的答案，正是打開世代交流與理解的關鍵。

成長於同志運動之後的世代，相對容易認同自己的同志身分。但是在四十、五十年前，甚至更早的時代，一個女人喜歡上一個女人，即使已經共同生活，也不一定找得到其他人的參照經驗，來給自己的性身分命名。也就是說，他們不是先找到自己是誰、是什麼性身分，才決定開始去愛女人、和女人有情欲關係或一起生活。

台灣開始有女同志團體或女同志酒吧，也不過是三十年前（第一個女同志團體「我們之間」創立於一九九〇年）。比那更早的年代，沒有地方可以遇到同樣喜歡女人的人。十七位受訪者中，七位現年六十一歲以上，另外十位年紀在五十五至六十歲。對六十一歲以上的老年女同志來說，他們的愛戀對象，就是身邊出現的另一個女人。可能是同學、同事、朋友，或朋友的朋友。大部分老拉當年經歷的，就是這樣的社會環境。

本書中的阿寶、黃曉寧、途靜，可算是少數較「幸運」的，他們有機會在古早的年代遇到一群同類而結拜，互相支持、一起走跳江湖。和他們同時代其他老年女同志的經驗，卻大都是辛苦摸索、孑然獨行或廝守著兩人世界。

老年同志訪談計畫雖然不是專業史家所做的工作，但是老同小組抱著很大的心願，企圖開啟跨世代同志交流的視窗。同志的歷史不是斷代史，老年同志不是不存在，只是沒有機會被看見。如果對老年同志很陌生，或者對老年同志還有偏見，請不要先質疑——「為什麼他們不讓社會看到？不願在社群裡現身？」就像社會對同志還不夠友善時，同志不能出櫃的責任，是在帶有成見的社會，而不是同志自己的問題。

社會關注長照時，想到的老人通常是失能的、需要被照護的老人，這時候老人只被當成病人，卻很少先被當成一個人看待。每個老人身上，都有一段屬於他自己的人生故事，不一定是什麼豐功偉業或顯赫事蹟，但是如果你願意靠近，坐下來聆聽他們說故事，你一定會看到他們身上發光的部分。

本書製作期間，傳來兩位受訪者黃曉寧、邑過世的消息，令人不勝唏噓。感謝他們在生前慷慨接受訪談，無私地分享他們的生命故事。在此向這兩位前輩表達熱線老同小組的哀悼與感激之意。

國家圖書館出版品預行編目（CIP）資料

阿媽的女朋友 : 彩虹熟女的多彩青春 / 台灣同志諮詢熱線協會老同小組老年同志口述歷史訪談團隊著 . -- 初版 . -- 臺北市 : 大塊文化 , 2020.10
面 ; 公分 . -- (mark ; 162)
ISBN 978-986-5549-12-1(平裝)
1. 同性戀 2. 訪談 3. 傳記

544.753 109013521